CRISIS ALS KANS

De Wereldwijde Crisis en de Wijsheid van Kabbalah

Dr. Rav Michael Laitman

Nederlandse bewerking van de boeken:

FROM CHAOS TO HARMONY
The Solution to the Global Crisis According to the Wisdom of Kabbalah
Copyright © 2006 by MICHAEL LAITMAN

KABBALAH FOR BEGINNERS
Copyright © 2007 by MICHAEL LAITMAN

BAIL YOURSELF OUT:

How You Can Emerge Strong from the World Crisis
Copyright © 2009 by MICHAEL LAITMAN

Nederlandse bewerking: Bnei Baruch Nederland

Inhoudsopgave

Voorwoord

Het is duidelijk dat we in een crisis zitten. Veel mensen voelen zich gefrustreerd en leeg en ervaren hun leven als zinloos. Het lijkt alsof we de controle over ons eigen leven kwijt zijn.

Voordat we een probleem kunnen oplossen, moeten we eerst de oorzaak ervan begrijpen. Pas als we onze eigen aard kennen en de wetten die ons gedrag beheersen, kunnen we de fouten zien die we moeten corrigeren.

De mens is wezenlijk anders dan de rest van de natuur. De minerale, vegetatieve en dierlijke niveaus van de Natuur worden beheerst door instincten. Handelingen zijn daar goed noch slecht; zij volgen de regels die in hen vastliggen, in harmonie met de Natuur en met elkaar. Alleen de mens profiteert opzettelijk van anderen. Zijn egoïsme verstoort het evenwicht van de Natuur.

Langzamerhand ontdekt de wetenschap dat de mensheid eigenlijk één lichaam is. De problemen die ons huidige leven overschaduwen zijn niet toevallig, ze zullen pas worden opgelost wanneer ook wij functioneren in overeenstemming met de allesomvattende wet van de Natuur – de wet van het altruïsme

Waarom werkt het altruïsme nog niet als wet op het menselijke niveau? Waarom moeten we zulke relaties zelf opbouwen? Door het aan ons over te laten, geeft de Natuur ons de gelegenheid om zelf een nieuw, hoger bestaansniveau te ontwikkelen.

Dit boek[*] leert ons hoe we de crisis kunnen oplossen; het wijst ons de weg naar overvloed en succes. Het is gebaseerd op de beginselen van de oude wijsheid van Kabbalah en op recente ontdekkingen van de moderne wetenschap. Het zal ons helpen om de eerste echte stappen te zetten naar het bereiken van evenwicht met de Natuur, naar de ervaring van harmonie en volmaaktheid.

---

[*]   Dit boek is als volgt samengesteld: Deel 1 is de Nederlandse bewerking van Deel I van het boek van Rav Michael Laitman: "From Chaos to Harmony"; Deel 2 is de vertaling van deel II van het boek van Rav Michael Laitman: "Kabbalah for Beginners"; Deel 3 is de Nederlandse bewerking van deel II van het boek: "Bail Yourself Out" van Rav Michael Laitman.

Deel Een

Crisis Als Kans

HOOFDSTUK 1 – VERLANGEN IS ALLES

"Ik groeide op in een gewelddadige omgeving waar ik amper warmte, laat staan liefde zag. Maar diep van binnen wist ik dat liefde bestond, en zo is mijn zoektocht begonnen".
- K. R. (student Bnei Baruch)

Eén Oorzaak, Eén Oplossing

Velen van ons voelen dat er niet alleen een crisis heerst in de maatschappij, maar ook in ons innerlijk, in ons zelf. Dit deel van het boek laat zien dat er één enkele oorzaak achter zit.

Als we de menselijke natuur en de Natuur van de wereld beter gaan begrijpen, zien we welke fout we maken en vervolgens kunnen we die corrigeren.

Alle materie en elk object wil blijven bestaan. Vaste objecten hebben een gesloten vorm, die het moeilijk maakt om door hun "grens" heen te gaan, terwijl andere vormen van materie zichzelf juist beschermen door beweging en verandering. Het verlangen om te bestaan wil twee dingen: 1) de eigen vorm behouden 2) dingen opnemen die nodig zijn voor dat voortbestaan.

Er zijn oneindig veel vormen en combinaties van de wil om te bestaan. Een hogere soort materie betekent ook een groter verlangen om te bestaan.

Een steen bijvoorbeeld heeft een heel klein verlangen om te bestaan. Een steen hoeft niets van buiten op te nemen. Hij hoeft alleen maar zijn vorm, zijn structuur en zijn eigenschappen te bewaren. Hij verwerpt al het vreemde want zijn enige wens is om niet te veranderen, daarom noemen we een steen "levenloos".

Planten hebben al een sterker verlangen om te bestaan. Zij veranderen en zijn veel actiever. Planten bewegen zich bijvoorbeeld in de richting van de zon en sturen hun wortels naar water. Een plant is veel afhankelijker van zijn omgeving dan een steen – bijvoorbeeld van de zon, de regen, de temperatuur, en vochtigheid. Planten leven en gaan dood. Maar alle planten van een soort reageren op dezelfde manier op hun omgeving. Het zijn geen echte individuen.

Hoe groter de wil om te bestaan van een vorm is, hoe afhankelijker hij is van zijn omgeving en hoe gevoeliger ervoor. Dieren leven grotendeels in groepen, of kuddes. Toch is elk dier al een individu, hij heeft individuele emoties en een persoonlijke relatie met zijn omgeving: hij gaat af op wat nuttig voor hem is, en gaat het schadelijke uit de weg. Een dier heeft ook zijn eigen tijd van leven en sterven, in tegenstelling tot planten, waarvan de levensduur bepaald wordt door de seizoenen van het jaar.

De sterkste wil om te bestaan heeft de mens. In vergelijking met de rest van de Natuur, heeft de mens niet alleen meer en sterkere verlangens, maar zijn verlangens groeien en veranderen ook steeds. Apen waren een paar duizend jaar geleden bijna hetzelfde als nu, maar de mensheid is in de loop van de tijd enorm veranderd.

Mensen beïnvloeden hun omgeving, en de omgeving beïnvloedt de mens. Mensen hebben besef van tijd, en kunnen zich daardoor pijn herinneren en genot voorstellen. Zij veranderen voortdurend, niet alleen onder invloed van de omgeving, maar ook onder invloed van elkaar.

Mensen willen niet alleen hetzelfde hebben als anderen, maar *meer* dan hen, of wat anderen *niet* zullen hebben. Dat geeft een hogere status en meer vóldoening. Die grote wil om te bestaan in de mens wordt het "ego" genoemd, of: "het verlangen naar genot". Kabbalisten noemen die wens: "het verlangen om te ontvangen".

Rabbi Yehuda Ashlag, beter bekend als Baal HaSulam zegt hierover: "De wens om te ontvangen is de stof van de Schepping, van begin tot eind... Alle, talloze schepsels, zijn variaties van de wens om te ontvangen."

Als een baby geboren wordt, wil hij bijna niets. Maar zijn wens om te ontvangen groeit en ontwikkelt zich. En om die verlangens te kunnen vervullen, ontwikkelen de hersenen zich. Het kind begint te bedenken hoe het zijn nieuwe verlangens kan bevredigen.

Kijk maar eens hoe we onze kinderen groot brengen. Om ze te helpen groeien, verzinnen we uitdagende spelletjes voor ze en maken die van tijd tot tijd moeilijker om ze te helpen zich nog verder te ontwikkelen. Want ze gebruiken hun verstand alleen als ze iets willen, net als de volwassenen. En zo versterken ons verstand en onze gevoelens elkaar. Ons geluk is immers afhankelijk van de vervulling van onze verlangens. Alles wat we doen heeft maar één enkel doel, meer genot en minder pijn. Dat zijn twee kanten van dezelfde medaille.

In zijn essay "De Vrede", vertelt Baal HaSulam: *"Als iemand bijvoorbeeld zijn hand van de stoel naar de tafel verplaatst, doet hij dat omdat hij denkt dat dit hem meer voldoening zal geven. Als hij dit niet zou denken, zou hij zijn hand voor de rest van zijn leven op de stoel laten rusten, zonder die zelfs maar een centimeter te verschuiven. En dit geldt des te meer voor grote inspanningen."*

De Evolutie Van Het Menselijk Verlangen Naar Genot

De evolutie van het verlangen naar genot heeft ervoor gezorgd dat de mens zich voortdurend ontwikkelde, dat hij uitvindingen deed en nieuwe ontdekkingen. Een groter verlangen betekent grotere behoeften, en die eisen een groter verstand en betere waarneming.

Eerst kwamen de fysieke verlangens, zoals het verlangen naar voedsel, voortplanting en familie. Deze verlangens bestaan al sinds het begin der tijden. Maar doordat de mens een sociaal wezen is, kwamen er "menselijke" of "sociale" verlangens tot ontwikkeling, bijvoorbeeld het verlangen naar rijkdom, eer, gezag en roem. Dit veroorzaakte het ontstaan van sociale klassen, hiërarchische stelsels en veranderingen in de sociaaleconomische structuren.

Vervolgens verscheen het verlangen naar kennis. Daardoor evolueerden wetenschap, onderwijssystemen en cultuur. Dit begon in de Renaissance, ging verder in de tijd van de Verlichting, toen de macht van de Kerk afnam, en via de industriële en wetenschappelijke revoluties gaat deze ontwikkeling van het verlangen naar kennis door tot in het heden. Onder invloed van dat verlangen wil de mens alles begrijpen over de werkelijkheid om zich heen. Daarom zoekt hij steeds meer informatie en wil hij alles onderzoeken en beheersen. Al onze ideeën, uitvindingen en innovaties zijn geschapen door evoluerende verlangens en staan in dienst van de vervulling van onze eigen behoeften.

Verlangens veranderen niet alleen de geschiedenis van de hele mensheid maar ook ons eigen privéleven. Eén voor één verschijnen verlangens in ons. Zij vormen verschillende combinaties en bepalen de koers van ons leven. Ons verlangen om te genieten is de innerlijke motor die ons voortdrijft en die alles wat er gebeurt veroorzaakt, zowel nu als in de toekomst.

HOOFDSTUK 2 – DE GRENZEN VAN HET GENIETEN

"Ik begon een leegte te ervaren, een soort moedeloosheid. Zeker in Nederland ga je je dan toch afvragen hoe zo'n gevoel kan ontstaan in een maatschappij waar alles verzorgd lijkt te zijn."
-P.G.(student Bnei Baruch)

Precies op het moment dat een verlangen vervuld wordt, is ons genot het grootste. Al heel snel begint het dan minder te worden. Het genot kan minuten duren, uren of dagen, maar uiteindelijk vervaagt het. Zelfs als we er jarenlang op gewacht en ervoor gewerkt hebben, bijvoorbeeld voor een prachtig huis: vanaf het moment dat we het hebben, begint het genot te vervagen.

Vervolgens verlangen we dan naar iets groters! Wat ons vandaag tevreden stelt, is morgen niet genoeg. We willen meer, veel meer. Dus de vervulling van onze verlangens maakt ze eigenlijk alleen maar groter, en dat dwingt ons tot steeds grotere inspanningen.

Die vernieuwing van onze verlangens hebben we ook nodig om ons vitaal te voelen. Daarom wekt onze omgeving voortdurend nieuwe verlangens in ons op waardoor we weer even opleven. Telkens voelen we ons éven vervuld en daarna weer leeg, met het gevolg dat we steeds gefrustreerder worden.

De maatschappij van tegenwoordig maakt dat we steeds meer willen, steeds meer willen kopen, zelfs als we het ons eigenlijk niet kunnen permitteren. De combinatie van reclame, ons eigen verlangen om niet bij anderen achter te blijven, en het gemak waarmee we geld kunnen lenen, zorgt ervoor dat we veel meer uitgeven dan we verdienen.

Direct nadat we iets nieuws hebben gekocht, vervaagt de opwinding over het nieuwe bezit al. En doordat we daarna nog jarenlang met de rekeningen blijven zitten, verdwijnt de teleurstelling over de aankoop niet, maar wordt zelfs steeds groter!

Welvaart brengt dus geen geluk. Uit recente enquêtes bleek dat we wel dénken dat rijkdom gelukkig maakt, maar dat rijken zich in werkelijkheid niet anders voelen dan armen.

Rijken bleken bovendien veel vaker boos en vijandig dan armen. Dit heeft er natuurlijk mee te maken dat we zo gauw wennen aan luxe en comfort en dan meteen meer willen.

Het is duidelijk dat het verlangen om te genieten ons in een onmogelijke situatie plaatst. Aan de ene kant groeien onze verlangens voortdurend. Aan de andere kant, kost het vervullen ervan ons vreselijk veel inspanningen, en geeft het maar heel even voldoening, en na afloop voelen we ons bovendien tweemaal zo leeg.

Het Verlangen Naar Genot Om De Tuin Leiden?

In de loop der tijd hebben mensen twee dingen gedaan om dit probleem op te lossen. Twee methodes die eigenlijk het verlangen naar genot "om de tuin leiden", namelijk:

1.Gewoontes aanleren die ons tevreden stellen. 2. Het verlangen naar genot verminderen.

1. Gewoontes worden aangeleerd door "conditionering". Als een kind zich goed gedraagt, wordt het geprezen door zijn ouders en leraren. Naarmate het kind groeit, wordt het natuurlijk minder vaak beloond, maar ondertussen is hij dit gedrag zelf al als bevredigend gaan ervaren. Hij is eraan gewend, en ook zonder directe beloning voelt hij zich prettig als hij zich goed gedraagt. Zijn eigen gedrag stemt hem tevreden, en daardoor hoeft hij niet steeds naar nieuw genot te zoeken.

2. De tweede methode om minder te lijden onder het verlangen naar genot, is juist mínder te willen. Het is veel erger om niet te krijgen wat je wil, dan om helemaal niets te willen. Oosterse en Westerse godsdiensten bijvoorbeeld leerden mensen om in armoede te leven en met weinig genoegen te nemen, en daardoor innerlijke vrede te vinden.

Vroeger leken deze twee methodes wel te werken. Maar doordat het verlangen naar genot steeds groeit, hebben ze steeds minder succes. We kunnen ons groeiende egoïsme zo niet meer tot rust brengen.

De groei van ons ego zorgt voor veel problemen. We hoeven niet verder te kijken dan naar ons eigen gezin om te zien hoe moeilijk het voor ons is geworden om aan elkaar en aan onze familie toe te behoren.

Vroeger was het gezin bestand tegen stormen, het was een eiland van rust. Als er problemen waren in de wereld, gingen we erop uit om daar te vechten. Als we problemen hadden met onze buren, konden we altijd verhuizen. Maar het gezin bleef onze veilige haven.

Zelfs als we niet echt bij onze familie wílden blijven, deden we het toch omwille van de kinderen of omwille van ouders die onze zorg nodig hadden. Maar nu is het ego zo gegroeid, dat we nergens meer om geven. Daardoor neemt het aantal echtscheidingen en eenoudergezinnen toe, ondanks het verdriet dat we onze kinderen daarmee aandoen. En voor onze ouderen zorgen we niet meer binnen de familie maar in verzorgings- en verpleegtehuizen.

Ook op grote schaal zien we de gevolgen van de groei van het ego. Aan de ene kant is de hele wereld als een grote familie geworden, zó nauw zijn alle delen met elkaar verbonden. We kopen haast overal dezelfde spullen, we bestuderen dezelfde wetenschap, we kijken naar dezelfde films en luisteren naar dezelfde muziek. Deze globalisering laat zien hoe verbonden we allen met elkaar zijn. Maar tegelijkertijd heeft het ego zich zó ver ontwikkeld dat we andere mensen niet meer om ons heen kunnen verdragen, zodat we ons ook in deze grote familie, net als in de kleine, verzetten tegen onze onderlinge afhankelijkheid.

Eigenlijk vormden we altijd al allemaal één enkel systeem. Maar tot nu toe waren we ons hier niet van bewust. In de natuur werken er altijd twee krachten: een verbindende kracht die ons allen verenigt, en een scheidende kracht die ons van elkaar wegdrijft. Als die beide krachten groeien, ontdekken we aan de ene kant hoe afhankelijk we van elkaar zijn, en aan de andere kant verzetten wij ons daar net zo hard tegen. En we weten allemaal: hoe dichter mensen bij elkaar staan, hoe grimmiger de ruzies tussen hen kunnen worden.

Baal HaSulam waarschuwde lang geleden al voor dit gevaar. Voordat hij stierf, zei hij dat we onze egoïstische manier van leven moeten veranderen, omdat we anders in een derde en een vierde wereldoorlog terecht zullen komen. Hij waarschuwde ons dat dit grote nucleaire oorlogen zouden zijn, die zouden uitlopen op de vernietiging van het grootste deel van de wereldbevolking.

Albert Einstein uitte in een telegram van 24 mei 1946 dezelfde angst: "De vrijgekomen kracht van het atoom heeft alles veranderd, als we onze manier van denken niet veranderen, stevenen we af op een ongekende catastrofe."

Gedurende de hele geschiedenis geloofden we in vooruitgang. Techniek, wetenschap, cultuur en onderwijs zouden ons leven verbeteren en ons gelukkiger maken. De mens leek bezig te zijn aan een reis naar steeds groter geluk.

Nu zijn we niet meer zo optimistisch. We hebben alles waar mensen honderd jaar geleden alleen maar over konden dromen: auto's, eigen woningen, uitgaan, reizen, sport – en toch geloven we niet meer in een betere toekomst. In plaats van gelukkige mensen zien we zelfmoorden, geweld, terreur, ecologische rampen, en politieke onrust.

We zijn op een kruispunt beland. Een mooie toekomst is niet meer vanzelfsprekend. Voor het eerst lijkt het erop dat het leven van onze kinderen en kleinkinderen wel eens minder goed zou kunnen zijn als dat van ons. Niets van wat we ontwikkeld hebben, heeft ons langdurig geluk gebracht.

Daardoor voelen veel mensen dat hun leven zinloos en leeg is; daarom zijn depressie en drugs de vloek van deze tijd. We voelen ons machteloos omdat we ons verlangen naar genot niet kunnen bevredigen. Ons ego is zó gegroeid dat het nergens meer tevreden mee is.

Ook jongeren lijden onder dit gevoel van leegte. Ze lijken bij voorbaat al te denken dat alles uiteindelijk zinloos zal zijn. Ze zien immers dat de volwassenen die zoveel geprobeerd hebben, nog steeds niet gelukkig zijn. Dat maakt werken bepaald niet aantrekkelijk voor ze! Ouders begrijpen dit vaak niet, omdat zij zelf in hun jeugd nog zo anders waren, vol goede moed. Maar elke generatie draagt niet alleen de positieve ervaringen maar ook de teleurstellingen van de vorige generaties met zich mee.

De oplossingen van het verleden: conditionering en de onderdrukking van onze behoeften, werken niet meer. Er is een nieuwe methode nodig om het verlangen naar genot, dus het ego, tevreden te stellen zodat we een betekenisvol, veilig en vredig leven kunnen leiden. Om die methode te vinden, moeten we eerst beide kanten van de Natuur en van onszelf leren kennen.

HOOFDSTUK 3 – ALTRUÏSME IS DE WET VAN HET LEVEN

> *"Om in harmonie te komen met onze omgeving moeten we beseffen dat alle dingen en personen om ons heen rechtstreeks in verbinding staan met ons zelf en dat we allemaal uit dezelfde energie bestaan."*
> -D.R. (student Bnei Baruch)

In de Natuur bestaat er niet alleen egoïsme, maar ook altruïsme. Het woord "altruïsme" komt van het Latijnse woord alter, wat "ander" betekent. Het is het tegenovergestelde van egoïsme: niet jezelf liefhebben, maar de ander.

Op het eerste gezicht lijkt de Natuur op een bende egoïsten, waarvan alleen de sterkste overleeft. Je verwacht niet dat er zoiets als altruïsme bij dieren bestaat. Toch draagt elk gevecht bij aan het evenwicht in de natuur. Gevechten leveren een betere gezondheid van de dieren op en helpen de evolutie van de Natuur.

Een goed voorbeeld van evenwicht in de Natuur is het volgende: In Noord Korea zorgden de straatkatten op een bepaald moment voor overlast, en de Koreaanse overheid besloot dat probleem drastisch aan te pakken. Een aantal weken na de vernietiging van de meeste katten, waren er opeens veel meer muizen en slangen. De Noord Koreaanse overheid moest zelfs katten uit buurlanden halen om het evenwicht te herstellen!

Wolven zijn ook een klassiek voorbeeld. Meestal beschouwen we wolven als wrede en gevaarlijke dieren. Maar toen er ineens minder wolven waren, werd het duidelijk hoe belangrijk ze waren voor de herten everzwijnen en knaagdieren in dat gebied. Wolven jagen namelijk vooral op zieke en zwakke dieren, en daardoor krijgen in hun jachtgebied alleen gezonde dieren de kans om zich voort te planten, en dat hield die soorten gezond.

Hoe meer onderzoek er gedaan wordt, hoe duidelijker het wordt dat alle delen van de Natuur samen één enkel systeem vormen. Vaak lijkt de Natuur wreed, maar het opeten van het ene wezen door het andere, houdt het hele systeem gezond en in evenwicht. In ons eigen lichaam gaan elke minuut miljoenen cellen dood en worden er miljoenen nieuwe cellen geboren. Juist daarvan is ons leven afhankelijk.

Harmonie Tussen De Cellen Van Een Levend Organisme

Als we elke cel apart bekijken, lijkt die alleen aan zichzelf te denken. Maar als we hem bekijken als deel van een geheel, blijkt dat hij precies zoveel voedsel opneemt als nodig is voor zijn eigen voortbestaan, en dat hij voor de rest werkt voor het hele lichaam. De cel is dus een altruïst. Hij "denkt" en handelt eigenlijk alleen voor het welzijn van het lichaam. Hij weet wat het lichaam nodig heeft en waarmee hij het kan dienen. Anders zou het lichaam niet kunnen voortbestaan.

Verbondenheid Schept Leven Op Een Nieuw Niveau

Als het embryo zich net begint te ontwikkelen, zijn alle cellen nog identiek. Maar naarmate het embryo evolueert, krijgt elke cel specifieke eigenschappen. Iedere cel heeft zijn eigen "geest" of "bewustzijn" maar doordat ze met elkaar verbonden zijn in hun altruïsme, scheppen ze een volledig nieuw wezen. Dat nieuwe wezen staat op een veel hoger niveau dan de afzonderlijke cellen; het heeft een bewustzijn dat niet in de cel apart aanwezig was, maar juist in de verbinding tussen de cellen.

Een Egoïstische Cel Is Een Kankercel

Het lichaam werkt zó nauwkeurig, dat het al opmerkt als één enkele cel zijn plicht niet vervult en voor zichzelf werkt, en dan zal het lichaam die cel ofwel genezen, ofwel doden. Als het lichaam die macht niet had, zou er nooit een organisme kunnen bestaan, want dan zouden de cellen ervan niet samenwerken ten bate van het hele lichaam.

Een cel die voor zichzelf werkt en niet voor het lichaam, is een "kankercel". Als een dergelijke cel zichzelf kan vermenigvuldigen, krijg je kanker. Dit eindigt altijd met de dood van de tumor. De enige vraag is waardoor: sterft de tumor doordat het lichaam of de medicijnen hem doden, of doodt de tumor zijn gastlichaam en daarmee zichzelf.

In een gezond lichaam "offeren" cellen zich op voor het lichaam als dat noodzakelijk is. Als er in een cel genetische fouten optreden waardoor hij in een kankercel zou kunnen veranderen, zorgt hij voor de beëindiging van zijn eigen leven. De angst dat hij een kankercel zou kunnen worden en het hele lichaam in gevaar zou kunnen brengen, brengt de cel ertoe om zijn eigen leven op te geven voor dat van het lichaam.

Anderen Helpen

De onderzoeker van primaten, Frans de Waal, geeft in zijn boek: "Van Nature Goed" veel voorbeelden van altruïsme in de Natuur. Hij beschrijft bijvoorbeeld een experiment waarin er twee apen van elkaar gescheiden waren door een doorzichtige afscheiding. Als maar één van hen te eten kreeg, probeerde hij de ander door de doorzichtige wand heen voedsel te geven.

Als een van hen ziek of gehandicapt wordt, gaan apen beter voor elkaar uitkijken en voor elkaar zorgen Een kreupele vrouwelijke aap kon twintig jaar lang in een hard klimaat overleven en zelfs vijf jongen grootbrengen, dankzij de hulp die zij van de andere apen kreeg.

Een andere vrouwelijke aap, die in haar ontwikkeling was achtergebleven, overleefde dankzij haar oudere zus, die haar lange tijd op haar rug meezeulde en beschermde. Een blinde vrouwelijke aap kreeg bijzondere bescherming van de mannelijke apen. Toen een mannelijke baviaan een epileptische aanval kreeg, bleef zijn broer bij hem staan met zijn hand op diens borst, en waakte er streng voor dat de verzorgers die hem wilden onderzoeken niet in zijn buurt kwamen.

Ook bij andere soorten vinden we zulk gedrag. Dolfijnen ondersteunen hun gewonde metgezel en houden die dicht onder het oppervlak van het water om te zorgen dat hij niet verdrinkt. Olifanten probeerden eens een van hen te helpen toen hij op het zand lag te sterven. Ze deden hun best om hem overeind te helpen en duwden hun slurven en slagtanden onder zijn lichaam. Sommigen braken hierbij zelfs hun slagtanden. Een ander voorbeeld: de vrienden van een vrouwelijke olifant, die in haar longen geraakt was door de kogel van een stroper, bogen zich onder haar lichaam om te voorkomen dat ze zou vallen.

Dieren Die In Een Gemeenschap Samenleven

Er zijn in de natuur prachtige voorbeelden van gemeenschappen die samenleven als één organisme, zoals mieren en bijen.

Ook de Arabische Babbelkousen, zangvogels uit het Midden Oosten, leven in groepen. Ze werken samen bij het verdedigen van hun gebied en zorgen gezamenlijk voor het ene gemeenschappelijk nest. Terwijl andere vogels aan het eten zijn, blijft een van hen de groep bewaken, ondanks zijn eigen honger. Babbelkousen die voedsel vinden, bieden het aan hun vrienden aan, nog voordat zij zelf verzadigd zijn. Ze voeden de jongen van andere leden van hun groep en zorgen voor hen. Als er een roofdier nadert, piepen de Babbelkousen in alarm om hun groepsleden te waarschuwen, zelfs als ze zichzelf daarmee in gevaar brengen. En als een van hen door een roofdier gepakt is, riskeren ze hun leven om hem te redden.

In De Natuur Beweegt Alles Naar Eenheid Toe

De evolutie van de Natuur bewijst, dat het geen toeval is dat cellen samenwerken in een lichaam, dat dieren samenwerken in een gemeenschap en zelfs dat de wereld verandert in een wereldwijd dorp. Het is heel natuurlijk dat de beschaving evolueert naar samenhangende harmonie.

Volgens de evolutionaire bioloog Elisabeth Sahtouris, zal er tenslotte één systeem bestaan waarvan alle delen met elkaar verbonden zijn en samenwerken. Ze gebruikt als voorbeeld het ontstaan van het leven op Aarde.

Miljarden jaren geleden, werd de Aarde bewoond door bacteriën. Deze bacteriën vermenigvuldigden zich en begonnen elkaar te beconcurreren om voedsel en woongebied. Daarom ontstond de bacteriële kolonie, die beter aan die omstandigheden was aangepast. Het is een gemeenschap van bacteriën die als één enkel organisme functioneert.

Door dezelfde regels, ontwikkelden eencellige wezens zich tot meercellige wezens, en daaronder vallen uiteindelijk ook de ingewikkelde lichamen van planten, dieren en mensen.

Elk afzonderlijk element heeft zijn eigen, egoïstische belangen. Maar het gaat er in de evolutie om, dat elementen met eigen belangen zich verenigen tot één enkel lichaam en dat ze in het belang van dat ene lichaam samenwerken.

De mensheid zit op dit moment in de eerste fase van de vorming van één enkele menselijke familie – een gemeenschap die zal zorgen voor het belang van ons allen, maar dan moeten wij er als gezonde onderdelen in functioneren.

Altruïsme Is De Basis Van Het Leven

Bij nader inzien vormt altruïsme de basis van al het leven. Elk levend organisme en elk systeem bestaat uit een verzameling cellen of organen die samenwerken, elkaar aanvullen en elkaar helpen. Ze leven volgens de regel: "één voor Allen, Allen voor één". Hoe beter we naar de Natuur kijken, hoe meer voorbeelden we zien van zulke samenwerking. We komen tot de ontdekking dat de algemene wet van de Natuur "de altruïstische verbinding van egoïstische delen" is.

De Natuur heeft het levende lichaam zó ontworpen, dat elke cel erin altruïstisch moet worden ten opzichte van alle andere. De kracht die het leven schept en onderhoudt, is de kracht van geven en delen. Het doel ervan is een leven te scheppen van harmonie en evenwicht tussen alle elementen ervan.

HOOFDSTUK 4 – VERSTORING VAN HET EVENWICHT

"Niet een methode die ons ego alleen maar tijdelijk in slaap sust met mooie woorden, maar een realistische weg, waarop we samen leren ons ego in te zetten om ons ideaal te bereiken."
-L.P.(student Bnei Baruch)

In alle wezens, behalve in de mens, is er een "evenwichtssoftware", die regelt dat ze altijd doen wat nodig is voor het bewaren van het evenwicht. Daardoor hebben andere wezens geen last van onzekerheden. Ze komen niet terecht in onbekende situaties waarin ze niet weten wat ze moeten doen. Mensen zijn de enige wezens waarin deze software *niet* geïnstalleerd is. Daardoor kunnen wij, mensen uit vrije wil handelen maar uiteraard zijn we daardoor ook in staat om het evenwicht in de Natuur te verstoren.

Omdat de Natuur ons niet uitgerust heeft met voldoende kennis of met het instinct om vanaf onze geboorte in evenwicht met de Natuur te bestaan, weten we niet hoe we in harmonie moeten leven met de mensen om ons heen. Terwijl de evenwichtige toestand toch de gelukkigste is.

Doordat we geen evenwichtssoftware hebben, proberen wij, mensen ons verlangen naar genot te bevredigen zonder rekening te houden met elkaar. Als we eerlijk zijn, moeten we toegeven dat we echt alleen maar om onszelf geven. Dat we eigenlijk over iedereen de baas zouden willen zijn. Al onze relaties met anderen dienen eigenlijk om onze eigen toestand te verbeteren. Als we er ook maar een klein beetje van kunnen profiteren, geven we er niets om wanneer iemand die we niet nodig hebben, verdwijnt.
Alleen de mens berooft zijn eigen omgeving. Geen enkel ander wezen onderdrukt anderen. Men zegt wel eens dat het veel veiliger is om naast een voldane leeuw te lopen, dan naast een voldaan mens. Het menselijke egoïsme is de enige schadelijke kracht in de wereld, de enige kracht die het evenwicht in de Natuur verstoort. Deze verstoring zullen we verder onze "disbalans" noemen, met de Natuur en met elkaar.

Wat voor doel heeft dit egoïsme van de mens dan? Waarom heeft de Natuur ons niet toegerust met het verlangen om het geheel waarvan wij een deel zijn, te dienen? Baal HaSulam zegt dat het geen toeval is, en dat het juist goed is dat ons ego steeds groter wordt. Door die groei leren wij pas duidelijk zien, hoe ver wij afstaan van de algemene wet van de werkelijkheid, de wet van het altruïsme die de basis vormt van ons leven. Juist doordat ons egoïsme zo groot is, gaan we beseffen hoe tegengesteld het is aan de kracht van de Natuur, aan de eigenschap van altruïsme, van liefde en delen. Dat inzicht zal ons ertoe brengen het egoïsme te willen corrigeren.

Wat Schenkt Ons Genot?

Zoals we hierboven al zeiden, hebben we lichamelijke verlangens en sociale verlangens. Wat nodig is voor het bestaan noemen we "fysiek", en alles wat verder gaat, noemen we "menselijk-sociaal". We zullen nu kijken naar onze sociale verlangens om te begrijpen wat disbalans veroorzaakt in onze relaties met anderen.

Menselijk-sociale verlangens worden verdeeld in drie soorten: het verlangen naar welvaart, het verlangen naar eer en gezag en het verlangen naar kennis.
We noemen ze "menselijk-sociale verlangens" omdat ze in ons worden opgewekt door de maatschappij waarin we wonen. Als je alleen zou leven, dan zou je zulke dingen niet nodig hebben. Bovendien kun je deze verlangens alleen maar bevredigen in een gemeenschap of een maatschappij.

In elk van ons zit een andere combinatie van menselijk-sociale verlangens, en deze combinatie verandert bovendien tijdens ons leven. De één heeft misschien een groter verlangen naar rijkdom, de ander naar eer en een derde naar kennis.

- **Verlangen naar Rijkdom** is het verlangen om te bezitten, om je iets toe te eigenen. Je wilt de hele wereld hebben. Je wilt dat alles van jou is.
- **Verlangen naar Eer** is een hoger niveau van verlangen. Je wilt niet langer, zoals een kind, alles "grijpen", en alles bezitten. Je beseft dat er een grote wijde wereld buiten je bestaat en je bent bereid om je hele leven te werken voor het respect van anderen. Je zou er zelfs voor willen betalen. Er mag wel een wereld buiten je bestaan die niet van jou is, maar jij wilt er wel boven staan.
- **Verlangen naar Kennis** is nog een groter verlangen naar macht. Je wilt elk detail van de werkelijkheid kennen, begrijpen hoe alles zich ontwikkelt en hoe je de Natuur en de mensen kunt gebruiken. Dit is het verlangen om alles te beheersen met het verstand.

We kunnen ons geluk alleen meten door onszelf met anderen te vergelijken. Als een ander rijker, machtiger of slimmer is, zijn we afgunstig. In ons diepste innerlijk, en soms zelfs openlijk, wensen wij dat de ander zal mislukken, want dit verbetert onze eigen positie. Bij de sociale verlangens is niet wát we hebben belangrijk, maar dat we meer hebben dan anderen, want dat geeft ons respect of macht.

Deze egoïstische houding tegenover anderen staat lijnrecht tegenover de algemene wet van de Natuur – de wet van het altruïsme. Dit maakt egoïsme de oorzaak van al ons lijden, want de wetten van de Natuur zijn absolute wetten. Ook al overtreedt iemand een van deze wetten, het lijden wat hij daardoor veroorzaakt, zal hem tenslotte dwingen om te gehoorzamen. Nu zien we nog geen duidelijk verband tussen ons egoïstische gedrag en de negatieve gebeurtenissen in ons leven. We worden ons pas van deze wetten bewust als we er vanaf een hoger niveau op neerkijken. Daarom helpt de wijsheid van Kabbalah ons om tot dit inzicht te komen.

Het Juiste Gebruik Van Het Ego

Kabbalah leert ons dat de werkelijkheid bestaat uit twee krachten. De ene kracht is het verlangen om te geven, en de andere is het verlangen om te ontvangen. Alles wat er bestaat, is het resultaat van het samenspel tussen die twee krachten. Als de verlangens harmonieus samenwerken, is er evenwicht en vrede. Als ze met elkaar in botsing komen, dan lijden we onder de gevolgen daarvan - rampen en crisissen.
Revoluties en sociale veranderingen zijn gekomen en gegaan. Ze zijn allemaal mislukt omdat evenwicht alleen bereikt kan worden door een juiste vereniging van de volledige kracht van het

ontvangen met de volledige kracht van het geven. Deze twee tegenovergestelden – altruïsme en egoïsme, het geven en het ontvangen – bestaan in alle materie, in elk wezen, elk verschijnsel en elk proces.

In materie, in gevoelens, waar dan ook, vind je altijd twee krachten en niet slechts één. Ze vullen elkaar aan en houden elkaar in evenwicht. Ze manifesteren zich op verschillende manieren: als elektronen en protonen; als negatieve en positieve lading; als aantrekken en afstoten, zuur en base, haat en liefde. Of het nu sterrenstelsels, zonnen en planeten zijn die samenkomen om ons heelal te vormen, of cellen, weefsels en organen die samen menselijke wezens vormen, dit harmonieuze samenspel van verlangens vind je in de hele schepping.

Het feit dat ons ego, onze ontvangende kracht, een disbalans schept tussen ons en de Natuur, de gevende kracht, betekent dus niet dat we het ego moeten onderdrukken. We moeten alleen de manier waarop we het gebruiken, corrigeren. Want voor de juiste ontwikkeling hebben we óók de volle kracht van het verlangen naar genot in ons nodig.

Het is totaal onmogelijk om tegen het egoïsme in te gaan, omdat het onze aard is om te willen ontvangen. Als we proberen het te onderdrukken, komen we er vanzelf achter dat dit niet kan. Maar als ons egoïsme in evenwicht is met onze zorg voor anderen, met altruïsme, dan zijn we gehoorzaam aan de wet van de Natuur. Tot nu toe zijn we daar nog niet toe in staat, want hoe groot het ook is, de ontwikkeling van ons ego is nog niet af.

Baal HaSulam wijst ons op de vele stadia die een vrucht doorloopt vanaf de tijd dat hij net zichtbaar wordt totdat hij helemaal rijp is: hoe zoeter de vrucht tenslotte zal zijn, des te bitterder die is in de eerdere stadia van zijn ontwikkeling. Pas als je het eindresultaat ziet, de uiteindelijke vorm, dan pas zie je hoe volmaakt de Natuur is van een wezen. Ook de mens is nog niet af. Daardoor lijkt onze toestand nu slecht. Maar net als het fruit aan een boom, is er niets in ons dat we moeten vernietigen, want alles in ons is nodig om uiteindelijk tot het goede resultaat te komen.

De kracht van het ego is een geweldige zaak. Zij heeft ons tot hier gebracht en dankzij haar zullen we volmaaktheid bereiken. Het is het egoïstische verlangen dat ons voortdrijft en dat steeds vooruitgang mogelijk maakt. Zonder het ego zouden we geen beschaving hebben ontwikkeld en zouden we niet wezenlijk anders zijn dan dieren. We zouden nog steeds in holen leven.

Nu gaat het erom, de beste en wijste manier te vinden om ons ego te gebruiken om tot verbondenheid met anderen te komen. De methode die ons hiertoe in staat stelt, is de wijsheid van Kabbalah. Dit is ook de oorsprong van haar naam. *Kabbalah* betekent ontvangen. Kabbalah eist niet van ons dat we onze natuurlijke egoïstische verlangens onderdrukken. Integendeel, zij erkent het bestaan ervan en legt uit hoe we er het beste en meest effectieve gebruik van kunnen maken om volmaaktheid te bereiken.

De Crisis Als Kans Om Het Evenwicht Te Herstellen

De Natuur zoekt naar evenwicht. Vulkanen bijvoorbeeld vergroten de druk binnen de Aarde, totdat de oppervlakte van de aarde die kracht niet meer in evenwicht kan houden. De oplossing voor deze disbalans is een vulkaanuitbarsting die de ondergrondse druk weer gelijk maakt aan de druk van het oppervlak.

Eigenlijk is alles wat er in de natuur gebeurt, het zoeken naar evenwicht. Het vloeien van water naar de laagste plek, en het zich verspreiden van hitte en kou bijvoorbeeld. In wetenschappelijke termen, wordt een evenwichtige staat "homeostase" genoemd. *Homo* betekent in het Latijn: "hetzelfde", en *stase* betekent "staat". Homeostase is de toestand waar alles in de werkelijkheid naar streeft.

Alleen bij mensen gaat dat niet vanzelf. Mensen moeten daar bewust naartoe werken. Het doel van de crisis is om ons zover te brengen. Om ons te laten zien dat we een verkeerde weg bewandelen en van richting moeten veranderen. We moeten de crisis niet zien als straf, maar als hulp op weg naar volmaaktheid. Tenslotte is het niet onze schuld dat we als egoïsten geboren zijn. Alles wat er in onze wereld bestaat, is een middel om ons te helpen bij onze ontwikkeling.

We zagen al dat de mens pas in beweging komt als hij ergens behoefte aan heeft, als hij een gebrek ervaart. Verlangen is wat ons beweegt en natuurlijk altijd in de richting van de vervulling van dat verlangen. Als we ergens gebrek aan hebben, als we ontevreden zijn, lijden we daaronder en zoeken we naar oplossingen. Zo gaan we vooruit en ontwikkelen we onzelf.

Maar nu staan we opeens stil. De crisis dwingt ons te onderzoeken wat er aan de hand is. Dit is eigenlijk het moment waarop we over onze verlangens moeten gaan nadenken. We moeten ons beginnen af te vragen: "Wat doe ik met mijn verlangens en waarvoor?" – Wij allemaal moeten onzelf zo onderzoeken, om de oorzaak van ons lijden te ontdekken. En als we de oorzaak begrijpen, dan kunnen we er iets aan doen. Dan kan de crisis een gouden kans worden.

HOOFDSTUK 5 – GEHOORZAAMHEID AAN DE NATUURWET

"Ik voel soms heel veel weerstand en toch weet ik diep in mij dat ik dit pad moet blijven volgen in grote vreugde omdat het het pad van de waarheid en onvoorwaardelijke liefde is."
-M.H.(student Bnei Baruch)

De Mens Kan Kiezen

Zoals we gezien hebben, staat alles in de Natuur ten dienste van het geheel waar het toe behoort. Dit gedrag is overal en in alles instinctief, behalve in de mens. Wij mensen zijn juist als egoïsten geschapen, omdat wij zélf moeten leren om ons ego op een goede manier te gebruiken.

De mens is het enige schepsel dat kan leren vrij te kiezen hoe hij met zijn medemens omgaat. Het wonderlijke is, dat het evenwicht in de Natuur als geheel afhankelijk is van wat wij kiezen! Dat leert Kabbalah ons.

Kabbalah leert ons dat alles wat er in de wereld gebeurt, alleen van de mens afhankelijk is. Alles bestaat en gebeurt voor de mens, om ons te helpen uit vrije wil op de juiste manier met elkaar om te gaan. Als we dat hebben geleerd, zal de hele Natuur in evenwicht zijn, omdat er dan evenwicht is tussen de kracht van het geven en die van het ontvangen.

Rabbi Kook zegt bijvoorbeeld dat "de schepping volmaakt is....behalve een klein deel wat nog gecorrigeerd moet worden... en de hele schepping wacht daarop. Dat kleine deel is de menselijke ziel, het verlangen van zijn ziel. Dit deel werd aan de mens gegeven om te corrigeren, pas als hij dat doet, is de schepping voltooid."

Als dit voor ons helder was, zouden we niet vrij kunnen kiezen. Dan zouden we net als dieren zijn, bestuurd door ons instinct, dat wil zeggen door de bevelen van de Natuur. Maar de Natuur wil dat we onafhankelijk blijven, dat we kunnen kiezen of we ons wel of niet willen realiseren dat wij afwijken van de regels in de Natuur, waardoor we de Natuur de schuld geven van al onze ellende.

De Natuur geeft ons de mogelijkheid om dit zelf te ontdekken, en om daardoor de schepping te voltooien.

De Mens Is Een Denkend Wezen

Het verschil tussen de mens en de rest van de Natuur is dat de mens denkt. De kracht van het denken is de grootste kracht die we kennen. Zij is groter dan alle andere krachten, zoals de zwaartekracht, de elektrostatische kracht, de magnetische kracht en de kracht van straling. De kracht van het denken is groter dan de kracht die planten doet groeien, groter dan de instinctieve kracht van het dier. De kracht van ons denken is zelfs groter dan de kracht van onze eigen egoïstische verlangens. Daarom is het denken ook het eerste wat er in de mens moet veranderen.

Niet langer egoïstisch genot zoeken, maar altruïstisch willen zijn, wordt *Tikkun* (correctie) van het ego genoemd, of kortweg *Tikkun*. Dit betekent dat we ervan gaan genieten om bij het geheel te horen. Dat we daarom ook alles voor het geheel willen doen, en dus ook voor de anderen, die ook bij dat geheel horen. En dat we er daarom niet meer op uit zullen zijn die anderen uit te buiten en te overheersen.

Daarbij hebben we de kracht van het denken nodig. In zijn essay: "Een Gedachte is het Resultaat van het Verlangen", legt Baal HaSulam uit dat we altijd denken aan de dingen waar we zin in hebben. We denken alleen aan de dingen die we graag willen, en liever niet aan dingen die we niet willen, bijvoorbeeld aan onze dood. Het verlangen stuurt de gedachte. Het verlangen maakt dat we denken over hoe we onze wensen kunnen vervullen, eigenlijk staan onze gedachten in dienst van onze verlangens. Waaraan kunnen we dan zien dat het denken sterker is dan het verlangen?

Het denken, zegt Baal HaSulam, maakt een klein verlangen groot. Als we een klein beetje dorst hebben, en we denken eraan, dan groeit onze dorst. En hoe meer dorst we hebben, hoe meer we eraan denken. En zo draait het wiel verder, en haast niets kan het meer tegenhouden.

Als we dus maar een héél klein beetje zin hebben om anderen te helpen, dan kan ook dát verlangen vanzelf groeien als we eraan denken. Maar waarom zouden we meer willen gaan denken over de liefde voor anderen? Tenslotte zijn er veel meer verlangens in ons, en ook grotere, die we ons veel gemakkelijker kunnen voorstellen en dat zijn dus ook de verlangens waaraan we liever denken. Hoe kunnen we dus beginnen met zoiets als altruïst willen zijn?

Veel Gemakkelijker Dan Het Lijkt

Een egoïst veranderen in een altruïst, dat lijkt op het eerste gezicht onmogelijk. In "Vrede in de Wereld", zegt Baal HaSulam: "Op het eerste gezicht lijkt dit plan op verbeelding, op iets wat boven onze macht ligt. Maar toch is de tegenstelling tussen ontvangen voor jezelf, en geven aan anderen, alleen maar een psychologische kwestie."

De term "psychologische kwestie" betekent niet dat we allemaal in therapie moeten gaan. Het wijst er eerder op dat we onszelf eens anders moeten bekijken. Het ego waar we zo op vertrouwen en waarvan we denken dat het ons dient, dat ego is niet ons echte "ik". Het is eerder een tiran die binnenin ons huist, en ons onderwerpt aan zijn eisen. Maar we zijn daar zó aan gewend, dat we zijn eisen opvatten als onze eigen eisen.

Hij bedriegt ons, door zó op ons in te werken dat het lijkt alsof *wijzelf* die dingen willen, terwijl eigenlijk het ego ze wil. Probeer eens te zien hoeveel inspanning en energie het je kost om alles uit te voeren wat het ego wil, en hoe weinig je ervoor beloond wordt. Dan zul je zien wat een tiran het eigenlijk is! Veel mensen komen er pas achter als ze oud en moe zijn. Dan ziet iemand bijvoorbeeld in, dat hij zijn hele leven gezwoegd heeft voor een beetje roem, terwijl de wereld hem, nu hij oud is, allang weer is vergeten! Dan vraagt hij zich af waarom hij dat niet eerder besefte!

Ons ego verbergt zich en verhult zich binnen ons, alsof hij één met ons is. Maar wat is dan het verschil tussen onszelf en ons ego? Wat zijn wij anders dan het verlangen om te genieten? Hierin schuilt het geheim: wij zijn dan wel gemaakt om te genieten, maar het hoeft niet een *egoïstische manier van genieten* te zijn. Wij zijn dan wel gemaakt om te genieten, maar we kunnen net zo goed genieten van geven.

Er is een groot verschil tussen de inspanning om iets te krijgen en de inspanning om iets te geven. Altruïstische daden vragen helemaal geen inspanning. Zij zijn gemakkelijk en je voelt je er ontspannen bij. Ze geven je een gevoel van vreugde en tevredenheid.

Altruïstische daden kosten geen energie, ze geven energie. Altruïstische kracht is als de zon, die licht uitzendt en haast oneindige energie levert, terwijl de egoïstische kracht altijd wil ontvangen, en dus altijd tekort komt. Je kunt het vergelijken met de plus en de min van een batterij. Aan de pluskant voel jij je energiek en vervuld van oneindige mogelijkheden. Je voelt je sterk en kunt eindeloos veel energie geven. En aan de min kant voel je dat je van alles tekort komt, dat je dingen voor jezelf nodig hebt en ervan afhankelijk bent.

Daarom is het probleem waarmee we te maken hebben op de eerste plaats een kwestie van nadenken: we moeten overgaan op altruïstische berekeningen.

Nieuwe Berekeningen

We moeten beginnen na te denken over de voordelen van het bereiken van evenwicht met de gevende kracht van de Natuur, en erkennen dat onze toekomst daarvan afhankelijk is. We moeten onze gedachten richten op het deel zijn van het ene geheel, dat alle mensen omvat, waar ze ook zijn. Het is belangrijk om dit idee te overdenken, om deze gedachte niet los te laten. We moeten zulke gedachten bevorderen, omdat ons geluk ervan afhankelijk is.

Altruïsme betekent dat we bezig zijn met het welzijn van anderen. Het betekent: willen dat iedereen ontvangt wat hij voor zijn levensonderhoud nodig heeft. Maar het betekent bovendien: ernaar verlangen dat anderen zich óók een deel van het geheel voelen en dat ook zij de vreugde daarvan ervaren.

We kunnen deze manier van denken over het doel van het leven en over de wijze waarop we dat doel kunnen bereiken aan anderen overbrengen. Als zij met ons meedenken over het probleem, als zij dezelfde gedachten hebben en dezelfde overtuiging over de oplossing, dan zal ons eigen bewustzijn nog sterker worden en daardoor zullen we meteen al verbeteringen ervaren in ons leven.

Een enkele persoon, die zijn of haar houding tegenover anderen verandert, veroorzaakt al een verandering in de hele mensheid. Je kunt je dit zo voorstellen: in alle mensen van de wereld zit een heel klein deeltje van jou. Je kunt ook zeggen: in jou zit een klein deeltje van ieder mens op aarde. Met andere woorden, iedereen is geïntegreerd in alle andere mensen; zo zijn we allemaal met elkaar verbonden.

Als je jouw houding ten opzichte van maar één ander mens verandert, heb je jouw deel in die ander veranderd. Dit maakt dat die persoon ook zijn eigen houding tegenover iemand anders wil gaan veranderen, hij heeft immers al een beetje ervaren hoe dat voelt. En daardoor beïnvloedt hij ook weer anderen.

Als één mens zijn houding tegenover anderen corrigeert, brengt hij dus een hele reeks van gebeurtenissen op gang die het bewustzijn van alle mensen verandert. Jij en de hele mensheid zijn deel van één enkel geheel. De andere leden van de mensheid zijn afhankelijk van de manier waarop jij ze beïnvloedt. De hele wereld ligt in jouw handen.

Zelfs als we de kleinste verandering maken, brengen we daarom de hele mensheid een klein beetje dichterbij het evenwicht met de Natuur. Hoe meer evenwicht, hoe minder ellende. Ook al zullen mensen die hun houding tegenover anderen nog niet gecorrigeerd hebben dit nog niet voelen, degenen die deze verandering veroorzaken, zullen het meteen merken. Hoe meer we denken en voelen dat we allemaal delen zijn van één systeem, hoe meer we zullen voelen dat we in een gastvrije wereld leven, op een vreugdevolle en goede plek.

Als je gedachten zo "opstijgen," krijg je vanzelf ook nieuwe verlangens:

- **In plaats van rijkdom** voor jezelf te willen door bezit van anderen af te nemen, neem je hun verlangens over. De verlangens van anderen voel je alsof ze van jezelf zijn, en je wil die verlangens vervullen, net zoals een moeder het fijn vindt om voor haar kind te zorgen.
- **In plaats van respect en eer** voor jezelf te verlangen, respecteer je iedereen en in plaats van boven hen te willen staan, wil je dat ze jouw gelijken, jouw partners zijn.
- **In plaats van kennis** te willen gebruiken om over anderen en over de natuur te heersen, wil je van iedereen leren, om te begrijpen wat ze nodig hebben, zodat je je met hen te kunnen verbinden. Je wilt ook het plan van de Natuur kennen en begrijpen en die kennis met iedereen delen, om zo de volmaaktheid te bereiken die de Natuur ons wil geven.

Nu kunnen we begrijpen waarom Baal HaSulam zei dat ons probleem een psychologisch probleem is. We moeten inzien dat onze egoïstische berekeningen niet kloppen: de inspanningen zijn veel groter dan de voldoening die ze leveren. We moeten altruïstische berekeningen maken: dan zien we dat een zorgzame band met anderen ons onbegrensde voldoening geeft. Onbegrensd, omdat we die voldoening met iedereen kunnen delen. Onbegrensd omdat ons eigen genot geen weerstand oproept in anderen, maar door het delen oneindig versterkt wordt.

Een Lange Weg En Een Korte Weg

Blijkbaar moeten we, voordat we de best mogelijke toestand kunnen ervaren, eerst het tegenovergestelde ondergaan, dus de slechtst mogelijke toestand. Dat is zo omdat we de dingen waarnemen door middel van contrast: licht tegenover donker, wit tegenover zwart, bitter tegenover zoet, etc.

Gelukkig is er nog een andere manier om een slechte toestand waar te nemen dan door die aan den lijve te ervaren: door je die voor te stellen. Ook daarin komt onze intelligentie ons goed van pas.

We kunnen ons de verschrikkelijke gevolgen voorstellen van een wereld waarin iedereen alleen maar aan zichzelf denkt, zonder die toestand te hoeven ervaren. Als we ons de slechtst mogelijke toestand duidelijk genoeg voorstellen vóór het zover is, zal dat ons zeker aansporen om onze houding tegenover elkaar te veranderen.

Het doel van ons leven is het verkrijgen van de eigenschap van het altruïsme. De wet van de Natuur zal ons uiteindelijk zover brengen. Uiteindelijk moeten wij, net als al het andere op de wereld, aan haar wetten gehoorzamen. Als wijzelf niet vrijwillig veranderen dan zal ons egoïsme zoveel lijden veroorzaken dat we tenslotte wel gedwongen zullen worden om te veranderen. Maar als wijzelf ons denken en voorstellingsvermogen gebruiken om te begrijpen wat er veranderd moet worden en als wij ook daarnaar handelen, dan hoeven we er niet door lijden toe gedwongen worden.

Als we de kennis over de oorzaak van de crisis en van alle rampen, en ook de kennis over de oplossing, verspreiden en toepassen, dan zitten we op de korte weg naar een nieuw leven. Natuurlijk kunnen we ook gewoon afwachten totdat de tegenslagen en rampen die we door ons egoïsme veroorzaken ons zo hard treffen dat we niet anders kunnen dan gehoorzamen aan de wil van de Natuur. Dat is de lange weg naar het doel van onze evolutie. Ieder van ons kan tussen die twee wegen kiezen. Die twee paden noemen de Kabbalisten: *"het pad van correctie"* en: *"het pad van het lijden"*.

De Hele Natuur In Evenwicht

Als we ons één voelen met anderen zal dat de problemen tussen mensen oplossen. Het maakt een eind aan oorlog, een eind aan geweld en terrorisme, en een eind aan de vijandigheid tussen mensen.

Maar helpt het bijvoorbeeld ook tegen de ecologische gevaren en de dreiging van een tekort aan hulpbronnen? Daar zien we ook een crisistoestand: door ons egoïsme hebben we ook veel schade aangericht aan planten, aan dieren, aan het hele milieu. Wat zal er van hen worden? Hoe kan hun situatie verbeteren? Moeten we ons daar dan ook niet op richten, in plaats van alleen op elkaar? Is het niet vreemd dat Kabbalah zich daar niet mee bezig houdt?

Kabbalah houdt zich alleen bezig met menselijke relaties, omdat deze de sleutel zijn tot de toestand van de hele Natuur. De altruïstische kracht van de Natuur is één kracht, overal hetzelfde. Maar zij werkt op verschillende niveaus op ons in: via stenen, planten, dieren en via andere mensen. Kabbalah noemt deze gradaties: het levenloze niveau, het vegetatieve niveau, het animale niveau, en het sprekende niveau. Met andere woorden, er zijn vier verschillende gradaties van de invloed van de Natuur op ons.

Als we ons zorgzaam zouden opstellen tegenover de levenloze natuur, geen land vernietigen, of de ozonlaag in stand houden bijvoorbeeld, dan scheppen we alleen evenwicht op het "levenloze" niveau. En als we zorgzaam zouden zijn voor de plantenwereld, zou dit het evenwicht op het "vegetatieve" niveau vergroten. Ook daardoor zou onze toestand weer een beetje beter, want gemakkelijker worden. We kunnen onze situatie ook een beetje verbeteren, door ons liefdevol te gedragen tegenover dieren. Al deze veranderingen zouden maar heel klein zijn, beperkt tot een enkel niveau, de andere niveaus worden daar niet beter op. Sterker nog: terwijl we het ene probleem aanpakken, bijvoorbeeld het milieu, rijzen er van alle kanten nieuwe problemen, zelfs in versneld tempo.

Kortom, dit alles is niets vergeleken met het in evenwicht brengen van het sprekende niveau, het niveau waarop wij mensen ons bevinden. Als we anderen liefhebben, als de mensheid als een eenheid bestaat en als we met elkaar verbonden zijn als delen van één enkel organisme, dan scheppen we daarmee evenwicht tussen onszelf en de hele Natuur. Daarom hoeft eigenlijk alleen het sprekende niveau in ons gecorrigeerd te worden. Daarmee zal er een eind komen aan het lijden en het gebrek op elk niveau: het levenloze, vegetatieve, dierlijke en het menselijke.

HOOFDSTUK 6 – DE WEG NAAR VRIJHEID

"Sinds wij Kabbalah studeren maken we samen andere keuzes door diepere inzichten die we krijgen. Er is veel meer orde, stabiliteit en verantwoordelijkheid in ons leven gekomen."
-M.H.(student Bnei Baruch)

Waar halen Kabbalisten het idee vandaan dat we iets in onszelf kunnen veranderen? Hebben we die vrijheid wel?

Aan de ene kant geloven we allemaal graag dat we onafhankelijk zijn en zelf bepalen wat we doen. Vrijheid is heel belangrijk voor ons. Zelfs in de natuur zien we hoe dieren lijden als ze gevangen worden genomen, als hun vrijheid hen ontnomen wordt.

Maar aan de andere kant zagen we al dat we door verlangens worden beheerst, en tenslotte hebben we zelf net zo min voor ons ego gekozen als dieren voor hun instinct. Hoe weten we dan dat niet alles eigenlijk al van te voren vastligt?

Het lijkt wel alsof de Natuur ons met opzet in deze verwarrende situatie heeft geplaatst, zodat we wel moeten nadenken over de vraag: "Wat *kunnen* we eigenlijk beïnvloeden?" Laten we nog eens goed kijken naar ons verlangen om te ontvangen, ons verlangen naar genot.

Genot En Pijn

Het verlangen naar genot dwingt ons om genot te zoeken en pijn te ontvluchten. Genot en pijn zijn de twee krachten die ons leven besturen. Daarin verschillen wij niet van welk dier dan ook.

Omdat een mens zich de toekomst kan voorstellen, kan hij besluiten om nu pijn te accepteren, als dit hem straks maar genoeg genot oplevert. Daarom willen we ons wel enorm inspannen om een beroep te leren dat een hoog salaris zal opleveren. Het is allemaal een kwestie van winstberekening. We vergelijken de hoeveelheid inspanning met de hoeveelheid genot die deze waarschijnlijk oplevert, en als het genot groter is dan gaan we tot actie over om het te bereiken. Zo zitten we in elkaar. Maar zijn we dan werkelijk vrijer dan het dier? Ook al kunnen we verdragen dat het genot er niet onmiddellijk is, het beheerst evenzeer ons hele gedrag, dus eigenlijk doen we alles dan toch onvrijwillig.

We kunnen niet eens kiezen wat voor *soort* genot we willen! We kiezen eigenlijk niet eens zelf hoe we leven, welke dingen ons interesseren, wat we doen met onze vrije tijd, wat we eten of wat we aantrekken. Want we kiezen alles volgens de mode van de omringende maatschappij. En die bepaalt niet alleen wat we consumeren, maar ook onze meningen. En helaas is het niet eens het *beste* deel van de maatschappij dat alles bepaalt, maar eerder het *grootste* deel. We zitten vast aan de gewoontes en de smaak van onze omgeving, ook al voelt het alsof we zelf kiezen.

We willen er immers allemaal bij horen! Zelfs als we graag bijzonder willen zijn, door iets te doen wat niemand ooit eerder gedaan heeft of door iets te kopen wat niemand anders heeft, en zelfs als we ons terugtrekken uit de maatschappij en ons afzonderen, dan nog doen we dit om gezien en gewaardeerd te worden. Hoe vaak denken we niet: "Wat zullen ze over mij zeggen?" en: "Wat zullen zij over mij denken", ook al proberen we zulke gedachten te onderdrukken. Dit toegeven zou tenslotte lijken alsof je geen eigen "ik" hebt!

Wat Valt Er Dan Te Kiezen?

Baal HaSulam legt het ons uit in het artikel "De Vrijheid":
Op de eerste plaats kunnen we niet veranderen dat we als mens zijn geboren. Dat is ons wezen, de basis van onze genetische code. Baal HaSulam noemt dit: "onze inherente essentie".

Op de tweede plaats kunnen we zelf niet beïnvloeden hoe ons lichaam groeit en zich ontwikkelt. Ook die wetten en eigenschappen zitten in onze genen. Dit deel van ons noemt hij: "onveranderlijke eigenschappen".

Op de derde plaats kunnen we er niets aan doen dat we afhankelijk zijn van de omstandigheden tijdens onze groei. Dat het ons bijvoorbeeld beïnvloedt als de moeder waarin we groeien ziek is, of honger lijdt. Dit ligt aan: "wetten die bepalen hoe we door de omgeving beïnvloed worden".

Op de vierde plaats, zijn er de eigenschappen die veranderen als we van omgeving veranderen, de "variabele eigenschappen". En juist hier, zegt Baal HaSulam, vinden we onze vrijheid: want al kunnen we er niets aan doen dat we zo beïnvloedbaar zijn, we kunnen wel kiezen door wie en waardoor we ons willen laten beïnvloeden!

Dus onze enige keuze is de keuze van de juiste omgeving. Als we onze omgeving veranderen, dan heeft dat effect op die variabele eigenschappen, en daarmee bepalen we onze toekomst.

In de hele Natuur kan alleen de mens bewust de omgeving kiezen die vorm geeft aan zijn verlangens, zijn gedachten en zijn gedrag. Daarom moeten we, als we willen veranderen, alle aandacht richten op onze relatie met onze omgeving. Alleen als onze omgeving ons helpt, kunnen we onze levensdoelen bereiken.

In "De Vrijheid", legt Baal HaSulam uit: "Daarom verdient iemand die er steeds naar streeft om een betere omgeving te kiezen, ons respect en onze beloning. Niet vanwege zijn goede daden of gedachten, die zonder dat hij het wil bij hem opkomen, maar wegens zijn inspanningen om een goede omgeving te kiezen, die hem tot deze goede daden en gedachten brengt".

HOOFDSTUK 7 – HET VERWEZENLIJKEN VAN ONZE VRIJE KEUZE

"Je hoeft niets te geloven. Sterker nog, je moet alles zelf onderzoeken, ervaren. Dit is niet altijd gemakkelijk maar het loont en is heel verbazingwekkend."
-A.M.(student Bnei Baruch)

Voor ons mensen is niets belangrijker dan de mening van de mensen om ons heen. Eigenlijk is het doel van ons leven om geprezen en gewaardeerd te worden. De waardering door de maatschappij geeft ons zelfrespect en zelfvertrouwen. Zelfs als we alleen zijn, houden we ons aan de normen van de maatschappij, want dat versterkt ons zelfbeeld, en over ons zelfbeeld is de maatschappij uiteindelijk de baas. Doordat we bereid zijn om al het mogelijke te doen om erkenning, respect en roem te krijgen, kan de maatschappij ons opleggen hoe we ons moeten gedragen.

Om te kunnen verlangen naar het zorgen voor anderen, moeten we dus in een omgeving leven die dit verlangen ondersteunt. Als de mensen om ons heen altruïsme als de hoogste deugd zien, dan moeten we wel gehoorzamen aan die norm en ons ernaar gedragen. Onze omgeving zou ons dit moeten voorhouden: "Als je goed bent voor anderen, voor het geheel waarvan je een deel bent, bereik je evenwicht met de Natuur". Als we telkens horen dat we altruïstisch moeten zijn, en als altruïstische mensen overal worden geprezen, dan verandert onze houding tegenover anderen. Hoe meer we eraan denken, hoe meer we zelf ook zo willen worden.

We kunnen onze vrijheid dus het beste gebruiken door de juiste omgeving te kiezen. En de kracht van ons denken kunnen we het beste gebruiken om de meest geschikte omgeving te scheppen, een omgeving die ons helpt om te veranderen. Een omgeving die ons naar een hoger niveau tilt. Hoe meer we ons richten op het verbeteren van onze omgeving, hoe meer mogelijkheden we zullen ontdekken om dit uit te voeren.

Als onze omgeving uit mensen bestaat die ook in evenwicht met de Natuur willen komen, kunnen we hun voorbeeld gebruiken. Zij zullen ons aanmoedigen en motiveren. Deze mensen zullen begrijpen dat we hen met liefde willen behandelen, en zullen ons helpen om te leren hoe we dit moeten doen.

Op deze manier, door het "oefenen" op anderen, beginnen we te voelen hoe het is om gelijk te zijn aan de kracht van de Natuur en hoe goed het is, om in deze liefde te bestaan. In zo'n omgeving voelen we ons beschermd, gelukkig en zorgeloos. Dit is het soort leven, dat de Natuur bedoelt voor de mens.

De Natuur Imiteren

Er zijn dus twee mogelijke redenen om goed te zijn voor anderen:
1. maatschappelijk respect en waardering;
2. echt voelen dat liefde en het geven aan anderen hoger staan dan het alleen om zichzelf geven.

Nog voor we die liefde voor de anderen echt voelen, beginnen we al met ons altruïstisch te gedragen vanwege de eerste reden: gewoon om te kunnen genieten van de sociale erkenning. Dit is om te beginnen nog alleen uiterlijk gedrag, en geen innerlijke verandering, maar het is wel de eerste stap in het proces. Het is leren door te imiteren, zoals kinderen dat doen. Ook al begrijpen kinderen niet wat hun ouders doen, ze doen hen na omdat ze net zo willen zijn als zij. Alleen al door het gedrag na te doen, te doen alsof, begin je te voelen hoe goed het jou doet om zo te handelen. Je stelt het je voor als iets beters, iets wat hoger is dan jezelf, en dat roept het verlangen in je op om het vaker te doen.

Geleidelijk begin je te voelen dat zo'n altruïstische houding tegenover anderen op zichzelf al bijzonder en goed is, ongeacht het sociale aanzien dat deze oplevert. Je begint te voelen dat dit de kracht is van de Natuur, een onbegrensde oneindige volmaakte kracht. Je begint te voelen dat een altruïstische houding volmaakt, onbegrensd genot geeft .

Met andere woorden, door onze inspanningen om de Natuurkracht te imiteren, begint de eigenschap van de Natuur zelf ons te genezen. Er begint een innerlijke verandering in ons. We komen tot de ontdekking dat liefhebben en geven edelmoediger is dan ons aangeboren egoïsme, en daardoor wordt het ons doel.

Zo stijgen we op, van het niveau waarop we geschapen zijn naar een hoger niveau, het niveau van de Natuurkracht zelf. We worden opgenomen in de harmonie en de volmaaktheid van die kracht. Daar leidt de evolutionaire wet van de Natuur de mensheid naartoe.

Een Nieuwe Richting

Harmonie, volmaaktheid...zijn dat niet te grote woorden, wat kan mijn gedrag nou voor effect hebben op de Natuur? En ís die Natuur wel onze weldoener, of is zij eigenlijk onze vijand?

Wij zijn zo gebouwd dat we denken dat de dingen buiten ons veranderen, en niet wijzelf. Zo wordt de werkelijkheid door de menselijke zintuigen en de menselijke geest waargenomen. In feite is de Natuurkracht constant en onveranderlijk. Maar als we er niet mee in overeenstemming zijn, dan lijkt die kracht tegen ons gericht te zijn; als we er wel mee in overeenstemming zijn, dan voelen we heelheid. Dat zijn de uitersten en daartussen voelen we natuurlijk veel tussenstadia.

In deze tijd staan wij en de altruïstische kracht van de Natuur nog niet lijnrecht tegenover elkaar, omdat ons ego nog niet volledig uitgegroeid is. Dit betekent dat de negatieve verschijnselen die we nu ervaren nog kunnen toenemen. Trouwens daardoor ervaren sommigen van ons de algemene crisis nog steeds niet aan den lijve. Maar ons ego groeit dagelijks en dit zal de tegenstelling tussen de Natuur en ons versterken. Om ons meer lijden te besparen, moeten we beginnen met het ontwikkelen van altruïsme, om zo de richting van de evolutie te veranderen.

En we moeten daar snel mee beginnen. Anders zal de druk van de Natuur op ons toenemen, want zij is als een ouder die probeert om de mensheid, haar kind, goed op te voeden, althans zo lijkt het vanuit ons eigen standpunt. Eigenlijk verandert alleen het individu, en die verandering geeft hem het gevoel dat het effect van de Natuurkracht verandert. Het lijkt op het van richting veranderen terwijl er een harde wind staat: ga je tegen de windrichting in, dan is de kracht tegen je gericht. Ga je daarentegen met de windrichting mee, dan lijkt zij jou te willen helpen, terwijl ze in feite zelf niet verandert.

Op het moment dat iemand zichzelf in evenwicht begint te brengen met de kracht van de Natuur, vermindert de druk op hem. En dit vermindert de ervaring van tegenspoed in zijn leven. Zijn eigen verandering geeft die persoon het gevoel dat het effect van de Natuurkracht veranderd is.

Als meer mensen bezig zijn met de verbetering van hun onderlinge relaties, en als zij dit als het belangrijkste beschouwen omdat hun leven er in feite van afhangt, dan zal hun gemeenschappelijke zorg de hele maatschappij beïnvloeden. Doordat mensen innerlijk met elkaar in verbinding staan, zal iedereen wereldwijd, zelfs op de meest afgelegen plekken, beginnen na te denken over de wederkerige afhankelijkheid tussen henzelf en de rest van de mensheid.

Verschillende wetenschappen, vooral de kwantumfysica, leveren het bewijs dat veranderingen in één element van invloed zijn op andere elementen. In zijn boek: "Het Chaospunt: De Wereld op een Tweesprong", beschrijft Professor Ervin Laszlo experimenten die heel bekend zijn in de hedendaagse kwantumfysica. Ze laten zien dat deeltjes onmiddellijk "weten" wat er met andere deeltjes gebeurt, zelfs op grote afstand, alsof de informatie over de veranderingen in andere deeltjes elke afstand ogenblikkelijk "overbrugt".

Tegenwoordig erkent de natuurkunde dus dat er een constante wederkerige verbinding tussen deeltjes bestaat, zelfs als deze door tijd en ruimte gescheiden zijn. Dit werkt zo in alle structuren in het heelal, van de kleinste tot de grootste.
De grootste onderzoekers hebben altijd geweten, dat we, naarmate we wijzer worden, de wonderbaarlijke wijsheid die in de Natuur verborgen ligt, zullen ontdekken. Deze wijsheid van het bestaan, openbaart zich aan ons als we er rijp voor zijn en als we bereid zijn om die wijsheid op te nemen.

HOOFDSTUK 8 – ALLES IS KLAAR (VOOR HET DOEL VAN HET LEVEN)

*"Kabbalah verandert mijn kijk op alle aspecten van het leven,
van TV tot relaties, van opvoeding tot de dood, van wat
vriendschap inhoudt tot prioriteiten stellen."*
- E.Y. (student Bnei Baruch)

Er zijn vier dingen die ons helpen bij de ontwikkeling van altruïsme:
- De ontwikkeling van de ziel via vele generaties.
- De positieve houding van de maatschappij tegenover het altruïsme.
- Het feit dat we onze kinderen altijd al altruïsme leren.
- De aanwezigheid binnen de mensheid van een kleine groep van "altruïsten".

De Ontwikkeling Van De Generaties

In feite was de evolutie van de mensheid gedurende vele generaties alleen bedoeld om haar erop voor te bereiden om in deze generatie het doel van het leven te verwezenlijken. De samenleving van vandaag is een egoïstische samenleving. Maar zij bevat voldoende voorwaarden om een altruïstische maatschappij te worden.

In het artikel "De Vrede", beschrijft Baal HaSulam de evolutie van generaties als volgt: "... in onze wereld zijn er geen nieuwe zielen, zoals nieuwe lichamen, er is slechts een vast aantal zielen dat zich telkens kleedt in een nieuw lichaam en een nieuwe generatie. Daarom vormen alle generaties sinds het begin van de schepping tot het eind van de correctie slechts één generatie van de ziel, waarvan het leven zich over duizenden jaren uitstrekt, totdat zij ontwikkeld en gecorrigeerd zal zijn, zoals het bedoeld is."

Van generatie op generatie verzamelen de zielen informatie, die ons uiteindelijk naar ons huidige niveau van evolutie brengt. Aan het einde van een lange ontwikkeling, moet de sprekende (menselijke) graad naar een nieuw niveau stijgen, dat wij "het gecorrigeerde sprekende" niveau noemen.

Om de invloed van de generaties vóór ons te begrijpen, kunnen we onze innerlijke gegevens vergelijken met pakketjes informatie. Zulke pakketjes informatie zitten in elk element van de werkelijkheid, en zij bevatten de oorspronkelijke informatie van alle materie.

Al die informatie wordt samen: "De Gedachte van de Natuur" genoemd, en binnen het veld van die gedachte bestaan wij. Alle veranderingen die in welk element dan ook plaats vinden, zijn allemaal veranderingen binnen dat informatieveld.

Het zoeken van elke generatie naar een evenwichtig bestaan en een goed leven, voegt informatie toe aan dit veld en verbetert deze informatie geleidelijk. Al het begrip en alle kennis die een generatie verzamelt, wordt een natuurlijke neiging in de volgende generatie. Daardoor is iedere volgende generatie verder ontwikkeld dan de vorige. Een duidelijk voorbeeld daarvan is de manier waarop onze kinderen omgaan met vernieuwingen die hun ouders uitgevonden hebben. De peuters van vandaag vinden dingen als mobiele telefoons en computers heel gewoon, en het kost hen minder tijd om die nog beter te leren gebruiken dan hun ouders.

Van generatie op generatie vergaart de mensheid dus kennis en wijsheid, en evolueert zij, alsof het één individu is, dat duizenden jaren ervaring heeft opgedaan. In manuscripten die zijn gepubliceerd in het boek: "De Laatste Generatie", schrijft Baal HaSulam hierover het volgende:

"De mening van de individuele mens is als een spiegel, die alle beelden, van voordelige zowel als van nadelige handelingen opvangt. Hij onderzoekt al zijn pogingen, selecteert de voordelige en verwerpt de nadelige. Dit wordt "het geheugenbrein" genoemd. Een handelaar houdt bijvoorbeeld bij, (in zijn geheugenbrein) met welke goederen hij winst heeft gemaakt en waarom en ook met welke goederen hij verlies heeft geleden, en waarom. Deze ervaringen worden in zijn hersenen georganiseerd tot een overzicht van al zijn pogingen, waaruit hij de voordelige selecteert en de nadelige verwerpt, totdat hij een goede en succesvolle handelaar wordt. Zo gaat het met ieders ervaringen in het leven. En op dezelfde manier, heeft het publiek een gemeenschappelijke geest, een gemeenschappelijk geheugenbrein en gemeenschappelijke beelden waarin alle handelingen met betrekking tot dat publiek en met betrekking tot het geheel, worden geregistreerd".

Door de evolutie van de informatie in ons, worden wij ons nu bewust van de positieve kracht van de Natuur, en van het besef hoe tegengesteld wij daaraan zijn. Daarom zijn we nu bereid om te luisteren naar de verklaringen waarom we zó geschapen zijn. En ook beginnen we in te zien welk doel we moeten bereiken.

Het is niet toevallig dat we ons tegenwoordig innerlijk vaak zo leeg voelen. Dat komt doordat er een nieuw verlangen in ons groeit – het verlangen van de mensheid naar een hoger niveau van bestaan, het "gecorrigeerde sprekende niveau". Nu komen we in de fase waarin we zelf bewust aan onze vooruitgang moeten werken.

De Houding Van De Maatschappij Tegenover Altruïsme

In ons diepste innerlijk voelen we aan dat egoisme alles doodt en dat altruïsme iets positiefs is, dat ons levenskracht en levenslust geeft. Iedereen wil zichzelf graag als goed zien, als iemand die meeleeft met de ander en behulpzaam is. Niemand van ons is trots op zijn egoisme, en niemand wil toegeven dat hij een egoïst is. Ieder individu, elke samenleving, elke bekende persoonlijkheid en elke overheid probeert zich als altruïstisch voor te doen.

Bovendien zal niemand een ander aanmoedigen om egoïstisch te zijn, want dat zou nadelig zijn voor hemzelf. Daarom doen zelfs de grootste egoïsten zichzelf voor als altruïsten, niet alleen om door de samenleving gewaardeerd te worden, maar om in ruil daarvoor te profiteren van het altruïsme van anderen.

Dus niemand is openlijk tegen de verspreiding van altruïsme in de wereld. Niemand zal zich ertegen verzetten.

Een Nieuwe Generatie Van Zelfverzekerde, Gelukkige Kinderen

Eigenlijk was de opvoeding van de jongere generatie altijd al op altruïstische waarden gebaseerd. Ook al zijn we zelf egoïsten, we voeden onze kinderen toch op om vriendelijk te zijn tegenover anderen, omdat we onbewust weten dat onvriendelijkheid tegen anderen, uiteindelijk de onvriendelijke persoon zelf zal kwetsen. We willen graag dat onze kinderen veilig zijn en we voelen aan dat dit alleen kan als ze zich altruïstisch gedragen.

Alleen een erg machtig individu, zoals een tiran wiens leger klaar staat om zijn wil met geweld op te leggen, kan het zich permitteren om zijn kinderen te leren wreed en genadeloos te zijn. En de kinderen van zulke mensen hebben veel bescherming nodig om te kunnen overleven. Ze moeten tegenover iedereen op hun hoede zijn, en zichzelf met wapens beschermen.

De mensen in onze omgeving gedragen zich over het algemeen net zo tegenover ons, als wij ons tegenover hen gedragen. Door een kind te leren altruïstisch te zijn, vergroten we dus de kans dat de maatschappij hem geen kwaad zal doen. Alle samenlevingen, in alle landen, in alle tijden, hebben altruïstische waarden aan hun kinderen willen meegeven.

Een juiste houding tegenover anderen geeft veiligheid, vrede en kalmte. Wij proberen dus wel onze kinderen met deze waarden op te voeden. Maar een goede opvoeding is gebaseerd op het geven van het goede voorbeeld en onze kinderen zien op den duur dat wijzelf ons niet zo gedragen tegenover anderen. Een kind dat ziet dat zijn of haar ouders niet "doen wat ze zeggen", ontdekt dat hun woorden leeg en onoprecht zijn. Hoezeer ouders ook proberen om hun kinderen voor te houden hoe ze zich moeten gedragen, het zal niet helpen.

Tot nu toe hebben we onze kinderen dus het ene geleerd terwijl we zelf het andere deden. Maar nu hebben we geen keus meer. We moeten onze eigen egoïstische houding tegenover anderen veranderen.

Wanneer meer en meer mensen zich altruïstisch gaan gedragen, zal de werkelijkheid waarin onze kinderen opgroeien veranderen en dan zullen zij de dingen die voor ons moeilijk waren, gemakkelijk kunnen begrijpen. Ze zullen inzien dat we allemaal horen bij één enkel systeem, en dat onze relaties, in overeenstemming daarmee, altruïstisch moeten zijn. Dit is het beste wat we voor onze kinderen of voor onszelf kunnen doen.

Egoïsten En Altruïsten

Er is nog een extra element van voorbereiding van de mensheid op het correctieproces: de "altruïsten" onder ons. Sommige mensen hebben een natuurlijke neiging om anderen te helpen. Ze voelen andermans pijn echt als hun eigen pijn. Daarom moeten ze wel proberen om anderen te helpen – om zo hun eigen pijn te verlichten. Deze mensen zijn "egoïstische altruïsten". Wij noemen hen kortweg "altruïsten", ook al zijn ze net zo op zichzelf gericht als de egoïsten die andermans pijn niet voelen.

Egoïsten lijden niet onder andermans pijn en kunnen hem daarom uitbuiten zoveel als zij willen. Maar altruïsten lijden wel onder andermans pijn en zijn daarom zelfs voorzichtig met het uitspreken van pijnlijke woorden. Het altruïsme is voor hen net zo'n aangeboren eigenschap als het egoïsme voor de rest van de mensheid. Wetenschappelijke onderzoekers in de gedragsgenetica nemen aan dat er een beloning is voor altruïstisch gedrag, in de vorm van de chemische stof "dopamine" die in de hersenen van de weldoener vrijkomt, en een aangenaam gevoel veroorzaakt. Daarom geven deze verschillen niet aan of het "goede" of "slechte" mensen zijn: ieder vertoont gewoon het gedrag dat hem aangeboren is.

Ongeveer 10% van de mensen zijn zulke "egoïstische altruïsten". Dit legt Baal HaSulam uit in zijn geschrift: "De Laatste Generatie", over zijn sociale leer. De mensheid is dus altijd verdeeld geweest in 90% egoïsten en 10% altruïsten.

Altruïsten geven om het welzijn van de samenleving, om wederzijdse hulp op allerlei gebieden, om het welzijn van de zwakkeren. Eigenlijk bieden ze hulp in situaties waarin de samenleving dat niet doet, door gebrek aan aandacht of door gebrek aan mededogen met anderen in moeilijkheden. Altruïstische organisaties geven fortuinen uit en leveren enorme inspanningen. Helaas zorgt hun hulp meestal niet voor blijvende verbeteringen van slechte situaties.

Altruïstische organisaties hebben bijna alles geprobeerd om de wereld te verbeteren. Toch gaat de toestand nog steeds achteruit. Hoe komt dat? Het antwoord komt hierop neer: alle problemen in de wereld, zowel persoonlijke als sociale, worden veroorzaakt doordat de mens niet in evenwicht is met de Natuur. De hulp aan anderen levert op het stoffelijke niveau op korte termijn misschien wel voordelen op, maar deze voordelen verdwijnen uiteindelijk weer doordat stoffelijke hulp de mensheid niet in balans brengt en het probleem dus niet werkelijk oplost.

Natuurlijk, als mensen van honger dreigen te sterven, moeten ze eerst gevoed worden. Maar als ze er weer bovenop zijn, moeten we hen daarnaast meer bewust gaan maken van het echte doel van ons leven.

Dat betekent dat we opnieuw moeten onderzoeken wat een "altruïstische daad" precies is. We moeten ons bij een "goede daad" afvragen of die bijdraagt aan een echte verandering van de mensheid.

Anders lijken we op iemand met een ernstige ziekte die kalmerende middelen gebruikt, in plaats van iets aan de ziekte zelf te doen. Ondertussen woekert de ziekte door, zijn toestand verslechtert en tenslotte gaat hij dood.

Daden zijn alleen echt altruïstisch als ze ons bewust maken van het feit dat wij allemaal delen zijn van één systeem, van één lichaam waar alle mensen toe behoren, waar ze ook zijn, ongeacht hun ras of nationaliteit. Het gaat niet om instinctieve daden van vrijgevigheid om mensen te helpen die in een of andere noodsituatie zitten. Het gaat om daden die uitgevoerd worden om de hele mensheid, de zwakken zowel als de sterken, in evenwicht met de Natuur te brengen.

Daarom moeten wij de altruïstische aandacht en energie op de eerste plaats gebruiken om de mensheid meer bewust te maken van de oorzaak van deze problemen en van de manier om ze op te lossen. Zo maken wij een verstandig gebruik van de hulp die de Natuur ons gegeven heeft in de vorm van die 10% altruïsten in de maatschappij.

De verdeling in negentig procent egoïstisch en tien procent altruïstisch bestaat niet alleen in de mensheid als geheel, maar ook in iedere mens afzonderlijk. Want: "Het algemene en het bijzondere zijn gelijk". Dit houdt in dat alles wat er bestaat in het geheel, ook in alle delen ervan bestaat.

Baal HaSulam beschrijft deze wet in het artikel: "Het Geheim van Conceptie en Geboorte": "Algemeen en bijzonder zijn aan elkaar gelijk als twee druppels water, zowel in het uiterlijke van de wereld, dat wil zeggen in de algemene toestand van de planeet, als in het innerlijke. Zo vinden we het hele systeem van de zon met zich er omheen haastende planeten in het kleinste waterstofatoom, evenals in de grote wereld".

Deze wet laat zien dat iedereen, of hij nu egoïstisch is of altruïstisch, bestaat uit tien procent altruïstische kracht en negentig procent egoïstische kracht, precies volgens de verdeling in de hele mensheid. In een altruïst is de (altruïstische) gevende kracht actief en in een egoïst niet, dat is het verschil. Maar in iedereen zit het element van het geven. en dus kan ook iedereen in evenwicht met de Natuurlijke gevende kracht komen. Tenslotte zijn deze krachten daartoe aan ons gegeven.

HOOFDSTUK 9 – EEN REALITEIT VAN HEELHEID EN ONEINDIGHEID

"Kabbalah leert ons dat wij samen één ziel zijn, die groot genoeg is om alles wat de Natuur ons wil geven, te bevatten. Als we dat realiseren, zal liefde ons nooit meer pijn doen."
— M.P. (student Bnei Baruch)

De Waarneming Van De Werkelijkheid

Voordat we een beschrijving geven van de nieuwe werkelijkheid waarheen we op weg zijn, en van de gevoelens die deze zal oproepen, moeten we eerst begrijpen wat "realiteit" is en hoe we deze waarnemen.

Is de werkelijkheid dat wat ik zie, de muren om me heen, de huizen, mensen, het heelal? Is de werkelijkheid dat wat we kunnen aanraken en voelen, wat we horen, proeven en ruiken – of niet?

Door de geschiedenis heen hebben de grootste denkers van de mensheid zich met deze vraag bezig gehouden. En hun antwoorden zijn in de loop van de tijd veranderd.

De klassieke benadering, waarvan Sir Isaac Newton het grootste voorbeeld was, verklaarde dat de wereld onafhankelijk van de mens bestaat: het maakt niet uit of iemand de wereld waarneemt of niet, of er iemand in leeft of niet. De wereld bestaat en zijn vorm ligt vast.

Door de ontwikkeling van de biologie kwam men erachter dat andere wezens de wereld op een andere manier waarnemen. Een hond bijvoorbeeld, neemt de wereld vooral waar als "een lapwerk van geuren". Dus als je verschillende zintuigen hebt dan een ander, dan leef je in een heel andere wereld.

Albert Einstein ontdekte bovendien dat wat je waarneemt, verandert door de snelheid waarmee je beweegt en door de snelheid van dat object. Stel dat er een staaf in de ruimte beweegt. Volgens Newton houdt deze dezelfde lengte, wat zijn snelheid of de snelheid van de waarnemer ook is. Maar volgens Einstein zal de staaf lijken te krimpen, naarmate zijn snelheid toeneemt. Dus als de ene waarnemer zich in een andere toestand van beweging bevindt dan de andere, ziet hij ook een heel andere werkelijkheid.

In de jaren 1930 kwam de kwantumfysica erachter dat iemand die een experiment doet, invloed heeft op de uitslag daarvan! De waarnemer beïnvloedt de wereld en daarmee het beeld dat hij of zij waarneemt. Zo ontstond de moderne opvatting: dat de werkelijkheid van de waarnemer afhangt.

De Wereld Zit Binnenin

Duizenden jaren geleden ontdekten Kabbalisten al dat er in feite niet zo iets bestaat als een wereldbeeld. De "wereld" is iets wat wij innerlijk ervaren. In zijn "Voorwoord voor het Boek van Zohar," beschrijft Baal HaSulam dit met de volgende woorden: "Neem bijvoorbeeld ons gezichtsvermogen: we zien een grote wereld voor ons, en alle prachtige dingen waarvan zij vol is. Maar in feite zien we dit alles enkel binnen onszelf. Met andere woorden, er zit een soort fotografische machine in onze achterste hersenen die een beeld schept van alles wat er binnen ons verschijnt, en niet van wat buiten ons is!"

Om beter te begrijpen hoe we de realiteit waarnemen, kunnen we een mens vergelijken met een gesloten doos met vijf sensoren: ogen, oren, neus, mond en handen, die de vijf zintuigen voorstellen: gezicht, gehoor, reuk, smaak en tastzin. Het beeld van de ons omringende werkelijkheid wordt binnen deze doos gevormd.

We kunnen ons gehoor als voorbeeld nemen van de manier waarop onze zintuigen werken. Geluidsgolven die ons trommelvlies raken, brengen het oppervlak ervan in trilling, en deze trillingen worden doorgegeven aan de gehoorbeentjes. Daardoor worden er elektrische signalen opgewekt die naar de hersenen gestuurd worden, en deze "vertalen" deze in geluiden en stemmen.
We meten dus niet echt wat zich buiten ons bevindt, maar de reacties die in ons worden opgewekt. En onze andere zintuigen werken op een vergelijkbare manier. De geluiden die we horen, de beelden die we zien, de geuren, zijn allemaal afhankelijk van de gevoeligheid van onze zintuigen. We zitten "opgesloten" binnen onze doos en weten daarom nooit echt wat er buiten ons plaats vindt.

De signalen uit al onze zintuigen worden gebundeld en overgebracht naar het controlecentrum in de hersenen, waar de ontvangen informatie vergeleken wordt met de bestaande gegevens in ons geheugen. Deze informatie wordt vervolgens "geprojecteerd" op een "scherm" in de hersenen, en zo vormt zich ons beeld van de wereld om ons heen. Ons beeld van de werkelijkheid is dus het resultaat van de werking van onze zintuigen, plus de informatie uit ons geheugen. Als we andere zintuigen hadden, dan hadden we een volkomen ander beeld. Het zou goed kunnen dat wat nu licht lijkt, ons dan donker zou toeschijnen of zelfs als iets totaal onvoorstelbaars. Eigenlijk is er geen beeld van de uitwendige werkelijkheid. We kunnen niet eens zeggen of er buiten ons eigenlijk wel een werkelijkheid bestaat, omdat alles wat we ervaren zich binnen ons bevindt.

Het Plan Van De Natuur

Het bovenstaande is in de wetenschap vandaag de dag al bekend, maar de wetenschap van Kabbalah voegt daar het volgende aan toe:

De Natuurkracht buiten ons is volkomen altruïstisch. Of wij daarmee in overeenkomst zijn, of juist tegengesteld eraan, bepaalt hoe wij de wereld beleven. Ons wereldbeeld is niet alleen afhankelijk van onze zintuigen, maar is ook het gevolg van de overeenkomst tussen onze eigenschappen met die van de abstracte kracht buiten ons: de Natuurkracht.

Wij ervaren bijvoorbeeld het bestaan niet van dingen die voor ons van geen nut zijn. We voelen iets alleen als het óf goed óf slecht voor ons is. Zo zijn onze zintuigen "geprogrammeerd".

Hoe zou de werkelijkheid eruit ziet in de ogen van een altruïstisch verlangen? Stel dat we zo "afgestemd" werden, dat we konden aanvoelen wat goed is voor anderen. Dan zouden we volkomen andere dingen om ons heen opmerken dan nu. Alles zou volkomen anders lijken. Kabbalisten die dit ervaren hebben, beschrijven deze toestand met de woorden: "een omgekeerde wereld, zag ik." (Talmud Bavli, Pesachim 50:71)

Als we een nieuw verlangen in onszelf vormen, het verlangen om een gezond deel van de mensheid te zijn, dan gaan we ook heel anders waarnemen. Dit nieuwe systeem van waarneming zal "een ziel" heten. Door de ziel neemt iemand een hele nieuwe wereld waar, de *echte* wereld, waarin we allen met elkaar verbonden zijn als delen van één lichaam, vervuld van eeuwig genot en eeuwige vreugde.

Mensen kunnen op twee niveaus bestaan. Het eerste is het niveau waarop we ons nu bevinden. We voelen ons gescheiden van anderen; daarom houden we geen rekening met hen en proberen we van hen te profiteren. Het tweede niveau is dat van het "gecorrigeerde" bestaan, waarin mensen als delen van één enkel systeem functioneren, in een toestand van wederzijdse liefde, waarin ze met elkaar delen, en heelheid en eeuwigheid beleven.

Het bestaan op het tweede niveau wordt "leven" genoemd. Ons huidige bestaan vormt een overgangsperiode, die is bedoeld om ons tot het punt te brengen waarop wij zelf tot de gecorrigeerde en eeuwige staat kunnen komen. Kabbalisten die al naar dat tweede niveau gestegen zijn, noemen ons huidige bestaan daarom een "denkbeeldige wereld" ofwel een "denkbeeldige werkelijkheid". Wanneer zij op ons niveau terugkijken, zeggen ze: "We waren als dromers." (Psalmen 126:1).

Eerst is onze echte toestand voor ons verborgen, we ervaren die niet van nature. De reden is dat we onze wereld waarnemen aan de hand van onze verlangens, onze innerlijke eigenschappen. Daarom voelen we nu de eenheid nog niet waarin alle mensen met elkaar verbonden zijn, want een dergelijke voorstelling van relaties stoot ons af. Ons aangeboren verlangen naar genot heeft geen belang bij zulke relaties en weerhoudt ons ervan het echte beeld van de realiteit te zien.

Eerder zeiden wij dat het doel van het leven is om te komen tot "een band tussen de mensen". Nu zien we dat het doel van het leven is om bewust en uit vrije wil van het niveau van verbeelding op te stijgen naar het niveau van het werkelijke bestaan. We moeten zover komen dat we onszelf en de werkelijkheid niet meer zien zoals we nu doen, maar zoals ze echt zijn.

Ons eigenlijke bestaan is eeuwig. Daarin zijn we allemaal verbonden in één enkel systeem, en houdt de stroom van energie en verrukking nooit op. Doordat we steeds aan elkaar kunnen blijven geven, en met alle anderen mee ontvangen, is het genot er oneindig en volmaakt, in tegenstelling tot onze huidige staat waarin het genot voorbijgaand en begrensd is.

De spirituele werkelijkheid bevindt zich niet boven ons. Uit de stoffelijke werkelijkheid opstijgen naar de spirituele werkelijkheid betekent het verheffen van je verlangen naar de eigenschap van altruïsme. Spiritualiteit ervaren betekent voelen dat we samen één geheel vormen, dat we allemaal met elkaar verbonden zijn. Dat is: een hoger niveau van de Natuur ervaren. Het doel van het leven is om die spirituele realiteit te gaan ervaren in een fysiek lichaam, in de stoffelijke wereld.

Het plan van de Natuur is dat de mensheid eerst alleen het stoffelijke niveau waarneemt en zich zo millennia lang ontwikkelt. Alle ervaringen op dat stoffelijke niveau brengen de mensheid geleidelijk tot het besef dat het egoïstisch bestaan niet tot geluk leidt en dan begint de mensheid te verlangen naar het tweede niveau, dat van het echte altruïstische bestaan. Door de wereldwijde crisis staan we op het punt van overgang tussen de twee niveaus van de werkelijkheid.

Daarom moeten we onze tijd zien als een bijzonder moment. We bevinden ons op een keerpunt en we bewegen ons in de richting van een compleet, eeuwig bestaan, een bestaan dat de Natuur voor ons heeft bepaald als het hoogtepunt van onze evolutie.

Het genot dat ons zal vervullen als wij de Natuurlijke eigenschap van het altruïsme hebben verworven is heel anders dan het genot dat we tot nu toe zoeken. Tegenwoordig zoeken we genot door onszelf als bijzonder en beter dan anderen te voelen. Bovendien gaat het altijd uit van een gemis. We voelen een tekort en dat veroorzaakt een verlangen. Als dat verlangen vervuld wordt, beleven we een moment van genot. Maar zoals we in hoofdstuk twee zagen: zulk genot verdwijnt weer heel snel, want de vervulling van een verlangen heft het onmiddellijk op. En dan moeten we meteen weer naar iets anders gaan zoeken. Tenslotte is er dan niets meer dat onze innerlijke leegte kan vervullen.

Altruïstisch genot is het volkomen tegenovergestelde. Het altruïstisch genot komt niet door het vervullen van het eigen verlangen, maar door het vervullen van het verlangen van anderen.

Het lijkt wel op de relatie tussen een moeder en haar kind. Doordat moeders van hun kinderen houden, genieten ze ervan om hen te zien genieten van wat ze hen geven. Hoe meer het kind geniet, hoe meer ook de moeder geniet. Een moeder put de meeste vreugde uit de vreugde van haar kind, en beleeft de grootste voldoening aan het zorgen ervoor.

Uiteraard is zulke voldoening alleen mogelijk als we de ander liefhebben. Hoe meer we de ander liefhebben, hoe meer voldoening zijn vreugde ons geeft. Liefde is in feite de bereidheid om te zorgen voor het welzijn van anderen, om hen te dienen.

Iemand die de eigenschap van het altruïsme verworven heeft, heeft een "ander hart" en een "ander verstand" dan wij. Zijn verlangens en gedachten zijn zo anders dan die van ons, dat hij de werkelijkheid zelfs anders waarneemt.

Dankzij de liefdevolle houding tegenover anderen, heeft hij niet langer het gevoel een enkele cel te zijn, maar verbindt hij zich met het gemeenschappelijke lichaam en dat voedt hem. Zo iemand begint het eeuwige leven te voelen van de allesomvattende Natuur, de stroom van energie en het oneindige genot dat alles vervult. Hij ziet zijn leven niet langer als iets waaraan een einde komt. Door de eenheid met de eeuwige Natuur blijft het levensgevoel bestaan, zelfs als iemand geen biologisch lichaam meer heeft.

De dood van het fysieke lichaam betekent dat het lichaam de werkelijkheid niet langer waarneemt. De vijf zintuigen geven geen informatie meer door aan de hersenen en er wordt geen stoffelijk wereldbeeld meer geprojecteerd op het "scherm" van de hersenen.

De spirituele waarneming van de werkelijkheid behoort echter niet tot het niveau van de stoffelijke wereld. Daarom blijft die spirituele waarneming bestaan, ook na het verval van het lichaam. Iemand die voor zijn dood het bestaan in het spirituele systeem heeft ervaren, ontdekt dat dit gevoel blijft, ook na de dood van het lichaam. Dit is de betekenis van "leven in je ziel".

Het verschil tussen het ervaren van het leven nu en het ervaren van het leven dat we *kunnen* voelen, is enorm. In een poging om dit verschil te beschrijven, zegt het *Boek Zohar* dat het even groot is als het verschil tussen kaarslicht en de uitstraling van een oneindig licht. De wetenschap van Kabbalah leert ons dat wij dat licht gezamenlijk kunnen bereiken.

De wijsheid van Kabbalah, waarvan dit boek de beginselen presenteert, beschrijft nauwkeurig alle evolutionaire fasen die we doorlopen hebben en die we nog zullen doorlopen om het doel van de Natuur te bereiken. Zij verklaart dat we op de drempel staan van een dramatische verandering in het menselijk bewustzijn. De mensheid zal zich realiseren wat het doel is van de Natuur, daarover bestaat geen twijfel.

De enige vraag die overblijft is: wat kunnen wij doen om deze ontwikkeling te versnellen, zodat het doel niet via de weg van het lijden, de lange weg, wordt bereikt, maar via de korte weg: door onze eigen inspanningen. Als we collectief besluiten om van elkaar te houden, zelfs wanneer we die liefde nog niet echt voelen, dan wekken we in onze medemensen de overtuiging dat liefde mogelijk is. En zij zullen echt met liefde reageren, want nu hun hart verzacht is, voelen ze die. Door middel van het goede dat we aan anderen doen, scheppen we in hen de ruimte voor liefde.

Je denkt misschien dat dit onwetenschappelijk en irrationeel is, maar toch werkt het, omdat het in harmonie is met de meest fundamentele krachten van de natuur: de wil om te geven en de wil om te ontvangen. En omdat we bij het betreden van onbekend gebied wel wat extra hulp kunnen gebruiken, zijn er gelukkig wat technieken die onze kans op succes kunnen verhogen. De rest van de hoofdstukken geven een schets van de wegen waarlangs wij ons doel kunnen benaderen.

Deel Twee

Aanzet tot een Reddingsplan

"De stadia van ontwikkeling zijn als volgt: ten eerste, wees aardig voor anderen, want we zitten allemaal in hetzelfde schuitje. Ga een relatie van wederkerige vriendelijkheid met elkaar aan, zoals met goede buren, met naasten. Ik doe jou geen kwaad, jij doet mij geen kwaad. Ik lieg niet tegen jou, jij steelt niet van mij. Zo leven we als goede buren naast elkaar. Niemand is een ander iets verschuldigd, we houden contact met elkaar, we werken samen. Aardig zijn voor elkaar, als vrienden zijn, dat is het eerste stadium.

Als iemand echt beseft dat zijn rust en veiligheid, en daardoor ook zijn gezondheid, van zijn relatie met anderen afhangt, dan ontstaat er vanzelf de gelegenheid om over dergelijke relaties in breder verband te spreken, op grotere schaal. Dan gaat hij inzien dat hij voor zijn inkomen, zijn eerste levensbehoeften op dezelfde manier afhankelijk is van anderen. Mensen raken gewend aan de gedachte dat de oplossing van een crisis te vinden is in onderlinge verbondenheid.

In het volgende stadium zien mensen het positieve resultaat van hun goede onderlinge relaties, en daardoor waarderen ze deze steeds meer. Dan komt het ogenblik om hen te tonen dat de onderlinge verbondenheid niet alleen een positieve kracht is in hun stoffelijk leven. Dan beginnen ze te ervaren dat het méér oplevert, en zo ontdekken ze de volgende stap, want elke nieuwe stadium ontwikkelt zich vanuit het vorige."

Laitman.com :19 Juli 2009

Inleiding

In het dierenrijk eten dieren alleen wat ze nodig hebben, de rest laten ze onaangeroerd. Zo handhaven ze het natuurlijke evenwicht, door te grazen waar er genoeg gras is en weg te trekken uit kale gebieden, of door alleen op zwakke of zieke dieren te jagen. Zo beschermt en bevordert de natuur het welzijn van de sterkere en gezondere planten en dieren.

Maar de mens is een ander verhaal. We willen niet alleen ontvangen van de natuur, zoals dieren, maar we willen ook ontvangen van elkaar. En zodra we anderen beginnen uit te buiten zijn we niet meer in overeenstemming met de twee krachten van de natuur, omdat we het verlangen om te ontvangen teveel gebruiken en het verlangen om te geven te weinig.

Zo ondermijnen we het evenwicht tussen de twee krachten die samen het leven vormen en dit verstoort de hele natuur. De vele crisissen waarmee we nu worden geconfronteerd zijn het gevolg van deze verstoring van het evenwicht in de natuur. Als we leren om de twee verlangens in onszelf met elkaar in evenwicht te brengen - als we nemen wat we nodig hebben en de rest aan de natuur en aan de mensheid geven - dan zal het evenwicht zich meteen herstellen, en dan zullen alle systemen weer stabiliseren zoals bij een zieke die opeens genezen is.

Jezelf realiseren door middel van samenwerking is de regel op alle niveaus van de schepping: vanaf het niveau van atomen tot dat van de meest ingewikkelde menselijke relaties. Om voort te bestaan moeten wij allemaal onze persoonlijke mogelijkheden realiseren door middel van onze bijdrage aan de gemeenschap waarin we leven. En vandaag de dag is die gemeenschap de hele wereld.

In deze 21e eeuw, wordt het steeds duidelijker dat de tijd van persoonlijk, egoïstisch succes voorbij is. Sinds de 19e eeuw geloofde de wetenschap dat wij mensen altijd handelen uit eigenbelang. Daarom noemden ze ons "de economische mens" (homo economicus).

Om de wereld te genezen, moeten we daarin verandering brengen: wij moeten niet de "economische mens" zijn, maar de "economische *mensheid*". Wij moeten niet uit eigenbelang handelen, maar in het belang van de hele mensheid.

Iedere wetenschapper, politicus, econoom en zakenman of -vrouw van deze tijd weet dat we allemaal van elkaar afhankelijk zijn. Daarom hebben alle wereldleiders het tegenwoordig over eenheid, Obama en Brown zowel als Poetin. Maar *iedereen* is nodig voor het welslagen - elke mens op de wereld. Wij vallen allemaal onder de natuurwet van evenwicht; dus werkelijk iedereen is daarvoor verantwoordelijk.

De volgende hoofdstukken geven een schets van de weg waarlangs we uit de huidige crisis kunnen komen. Ze gaan over zeven fundamentele aspecten van het leven: de media, kunst, economie, onderwijs, politiek, gezondheid en ecologie, en geven richtlijnen over de manier waarop we altruïsme: het verlangen om te geven, voor onszelf kunnen gebruiken.

HOOFDSTUK 10 – DE MEDIA

De media moeten een sleutelrol spelen in de omslag van de sfeer van vervreemding naar een sfeer van kameraadschap. De media verschaffen haast alle kennis die we over onze wereld hebben. Zelfs wat we horen van vrienden of familie komt meestal via de media, het is de moderne versie van de tamtam.

En de media verschaffen niet alleen informatie: op grond van wat we zien, horen of lezen vormen we onze mening. Wanneer de media aandacht besteden aan eenheid en saamhorigheid, zal de wereld volgen, want hun macht over het publiek is ongeëvenaard.

Helaas hebben de media zich tot aan het uitbreken van de financiële crisis, gericht op succesvolle mensen, beroemdheden, grote popsterren, en ultrasuccesvolle individuen die miljoenen en miljarden verdienen ten koste van hun concurrenten. Pas de laatste tijd, als neveneffect van de crisis, beginnen de media ook daden van mededogen en van saamhorigheid te laten zien, bijvoorbeeld hoe duizenden vrijwilligers met zandzakken een overstroming proberen tegen te houden.

Deze ontwikkeling is natuurlijk heel welkom, maar hier en daar een paar spontane pogingen zijn niet genoeg om mensen daadwerkelijk tot elkaar te brengen. Om ons wereldbeeld echt te veranderen, om ons tot het besef te brengen dat het verlangen om te geven bestaat, moeten de media het volledige beeld van de realiteit geven en ons informeren over de structuur daarvan. Er moeten programma's komen die niet alleen laten zien dat het verlangen om te geven op alle niveaus in de natuur werkt, maar die ons bovendien aanzetten tot het imiteren daarvan. In plaats van praatprogramma's met mensen die alleen over zichzelf praten, zouden we mensen aan het woord moeten laten die anderen prijzen.

Als de media mensen laten zien die om elkaar geven, en daarbij uitleggen dat zulke beelden ons helpen om de gevende kracht tot ons leven toe te laten, dan leren ze ons echte kameraadschap. Het meest populaire standpunt zou in deze tijd moeten zijn: "Eenheid is genieten".

Er zijn veel manieren waarop de media ons duidelijk kunnen maken dat eenheid een geschenk is. Als we zien hoe elk orgaan werkt ten bate van het hele lichaam, hoe bijen samenwerken in hun korven, hoe een school vissen zulk een eenheid vormen dat je ze zelfs kunt aanzien voor een enkele reuzenvis, als we zien hoe wolven samen jagen, hoe chimpansees andere chimpansees en zelfs mensen te hulp komen, zonder enige beloning, dan begrijpen we dat de allereerste wet van de natuur, de wet van harmonie en samenwerking is.

De media kunnen en moeten ons daar veel vaker voorbeelden van laten zien. Als we ons realiseren dat de natuur op die manier werkt, dan vergelijken we spontaan onze eigen samenleving daarmee, om na te gaan of zij wel met deze harmonie overeenstemt.

Zo ontstaat er een andere sfeer, en er komt dan een gevoel van hoop en kracht in ons leven, zelfs nog voordat we die nieuwe geest echt in de praktijk brengen. Waarom? Omdat we dan al in overeenstemming zijn met de levenskracht van de natuur -het verlangen om te geven.

Hoe sterker we ons met anderen verbonden voelen, hoe meer ons geluk afhangt van hoe zij over ons denken. Als anderen onze handelingen en inzichten goedkeuren, dan voelen we ons goed. Als anderen ons afkeuren, voelen we ons akelig, we verbergen onze daden, of we passen ons aan de sociale norm aan. Omdat de mening van anderen zo belangrijk is voor ons, zijn de media in een unieke positie om ons te beïnvloeden.

Politici zijn van alle mensen het meest afhankelijk van de openbare mening, een partij is immers afhankelijk van zijn kiezers. Als politici zien dat onze waarden veranderd zijn, dan veranderen zij hun waarden ook. En een van de gemakkelijkste en meest effectieve manieren om hen dat te laten zien, is via ons kijkgedrag. Politici moeten hun achterban zien te behouden, en dus moeten we hen vertellen wat wij willen: en dat is dat zij de eenheid bevorderen.

Als we media kunnen scheppen die eenheid en samenwerking promoten in plaats van de zelfvoldaanheid van beroemdheden, dan scheppen we daarmee een omgeving die ons ervan overtuigt dat evenwicht tussen de verlangens goed is.

HOOFDSTUK 11 – KUNST

Hoe belangrijk de media ook zijn in onze beschaving, zij zijn niet genoeg om onze houding echt te veranderen. We moeten er ook acteurs, zangers en andere grote sterren en beroemdheden bij betrekken. Zij verschijnen op tv en radio, op internet en in films, en ze zijn hard nodig om de nieuwe boodschap over te brengen.

Het is moeilijk precies te voorspellen hoe kunst eruit zal zien als we eenmaal vertrouwd raken met de gevende helft van de werkelijkheid. Stel je voor dat eenheid en geven de nieuwe trend zullen zijn, hoe zal kunst er dan uitzien?

De visuele kunst heeft de grootste invloed. Meer dan 90% van de informatie die we uit onze omgeving oppikken is visuele informatie. Daarom moet een verandering in ons denken beginnen met wat we zien, eerder dan met wat we horen.

Oppervlakkig gezien kunnen de onderwerpen van films en theaterstukken ongeveer hetzelfde blijven: strijd, liefde, of een drama. Maar elk verhaal moet een onderliggend motief hebben, en daarin moet de boodschap van eenheid zitten.

Tot nu toe houden we aan een film vooral een gevoel van bewondering voor de held over. Maar heel zelden blijven we nadenken over een idee. Zelfs wanneer de film een idee wil overbrengen, zorgen het script, de aankleding, de visuele effecten, enzovoort er toch voor dat we ons meer met een persoon identificeren dan met een manier van leven.

Meestal gaan mensen naar de film om afgeleid of geamuseerd te worden. Maar stel dat een film hen hoop en vertrouwen in de toekomst kon geven, zou dat niet een veel sterker motief zijn om in deze harde tijden naar de bioscoop te gaan, of een DVD te kopen?

Kijk eens naar films uit de jaren vijftig of zestig: lijken ze niet een beetje naïef, een beetje onrealistisch? Al gauw zullen mensen de films van nu ook als achterhaald zien! Succesvolle kunst moet de tegenwoordige situatie weerspiegelen, en nu is dit het nieuws: eenheid, en evenwicht tussen het verlangen om te ontvangen en het verlangen om te geven.

We kennen allemaal de pessimistische films over de vernietiging van de planeet, waarin de mensheid voor haar daden wordt gestraft met chaos, hittegolven, oorlog, voedsel- en watergebrek. Maar kunst moet niet aan doemdenken doen. Integendeel, kunst moet een volledig beeld van de werkelijkheid scheppen: van beide krachten en hun samenspel. Zij moet niet alleen laten zien wat er gebeurt als wij het evenwicht verstoren, maar ook wat er gebeurt als we het evenwicht in stand houden. Het doel van de nieuwe kunst moet zijn: het tonen van beide levenskrachten en de manier waarop wij die met elkaar in evenwicht kunnen brengen.

Hoopvolle Films

Mensen willen een film of een theaterstuk alleen keer op keer zien, als het verhaal geloofwaardig is, als het hoop biedt en een echt vooruitzicht op positieve verandering. Het uitgangspunt kan dan wel onze huidige werkelijkheid zijn, maar er moet een logische verklaring in zitten over hoe het zover is gekomen.

Bedenk eens hoe je een kind leert oversteken. Hoe zorgvuldig en liefdevol je hem keer op keer uitlegt dat hij op het groene licht moet wachten en dat hij alleen maar op het zebrapad mag oversteken. Als het kind zich zonder die informatie op straat zou wagen, zou zijn leven in gevaar zijn. Precies zo is informatie over de werking van de verlangens in de natuur en in de mensheid nu voor ons van levensbelang. En overleven is niet het enige doel. Deze crisis kan het begin zijn van een enorme verbetering van ons dagelijks leven.

Tot nu wilden we zoveel mogelijk ontvangen. Eigenlijk wisten we niet eens dat we door het verlangen om te ontvangen beheerst werden, we waren gewoon bezig met het zoeken naar genot. Omdat we niets wisten van het samenspel tussen de twee verlangens die ons leven vormen, bleven we oppervlakkig bezig en vonden we nergens duurzaam geluk.

Wij wisten niet dat in de natuur altijd twee dingen spelen: samenwerking en eigenbelang. Ze lijken tegengesteld aan elkaar, maar dat is schijn: overal in de werkelijkheid is het dienen van het eigenbelang alleen mogelijk *door middel van* samenwerking met anderen.

In mineralen, bijvoorbeeld werken verschillende atomen samen om de moleculen van dat mineraal te vormen. Als een van de atomen zijn eigen weg ging, dan zou het mineraal uiteen vallen.

Op een hoger niveau van complexiteit, in planten en dieren (en ook in mensen) werken moleculen, cellen en organen samen. Zij verenigen zich tot een apart wezen, en ook hier zou het ontbreken van een van de moleculen in de cellen van dat wezen, ziekte en dood veroorzaken.

Alle planten en dieren in een bepaald gebied scheppen samen een omgeving waarin zij alle kunnen gedijen. Net als in het voorbeeld van de Noord-Koreaanse straatkatten in hoofdstuk 3, dragen *alle* dieren bij aan het in stand houden van het evenwicht in een dergelijk systeem. Als één ervan in aantal afneemt, raakt het al uit balans.

Kort gezegd: de natuur wil wel dat individuen zich ontwikkelen, maar alleen als zij samenwerken en elk een bijdrage leveren aan hun omgeving. Als ze zich willen ontwikkelen ten koste van hun omgeving, dan roeit de natuur ze uit, of vermindert hun aantal zo drastisch dat ze het evenwicht niet meer kunnen verstoren.

Ook al weten we dit, we gedragen ons er niet naar. We gedragen ons alsof we geen deel zijn van het ecosysteem "aarde". Erger nog, de ene soort voelt zich superieur aan de andere. Maar de natuur leert ons dat er *niets* overbodig is, en dat geen enkel element in de natuur beter is dan een ander element. Waarom denken wij het voorrecht te hebben om andere mensen of andere soorten te overheersen en te onderdrukken? Waar komt die arrogantie anders vandaan dan uit onwetendheid?

Onze kracht en onze kennis krijgen wij van het verlangen om te geven, maar wij denken dat wij alles aan onszelf te danken hebben. Pas als we beseffen dat ook wij het product van de twee verlangens zijn die het leven vormgeven, kunnen we samen met de hele natuur in voorspoed leven.

Hoe moeilijk kan het zijn om films te maken die ons dit leren, en die ons de voordelen laten zien van het ontplooien van al onze talenten door samenwerking? Stel dat we ons allemaal één voelen, dat iedereen ons steunt en wil zorgen dat wij al onze mogelijkheden realiseren! Dat zou toch prachtig zijn, als iedereen zijn of haar talenten inzette voor de maatschappij, en in dank daarvoor steun en waardering kreeg!

Eigenlijk leveren we al allemaal onze bijdrage. Een IT-ingenieur draagt aan de maatschappij bij door computers te bouwen. Een straatveger door straten schoon te houden. Wie is er belangrijker? Als we ons realiseren dat niemand op eigen kracht is geworden wat hij is, dat we allemaal voor elkaar zijn geschapen door dezelfde oerkracht, dan zouden we onszelf niet steeds weer hoeven te bewijzen. We zouden gewoon genieten van wie we zijn, en bijdragen wat we kunnen. We zouden het heerlijk vinden een deel van de mensheid te zijn, tegelijk apart en verbonden.

Stel je de films voor die dat laten zien!

HOOFDSTUK 12 – MUZIEK

Muziek is de meest populaire kunst. Muziek is een uitdrukking van onze innerlijke wereld. Ieder soort muziek weerspiegelt een ander soort verlangen om te ontvangen, en kan daardoor een ander soort evenwicht met het verlangen om te geven uitdrukken.

Muziek kan ook enorme kracht geven aan nieuwe ideeën. Stijlen als rock en hip-hop zijn belangrijke sociale uitdrukkingsmiddelen. Etnische muziek heeft bijvoorbeeld veel gedaan voor de erkenning en integratie van volken en culturen, en dat heeft de wereld verrijkt. Om al deze redenen verdient muziek een hoofdstuk apart.

Om het eenvoudig te houden, onderscheiden we zang en instrumentale muziek.

Zang

Bij zang is het gemakkelijker om te laten zien wat er moet veranderen. Net als bij films kunnen de onderwerpen wel ongeveer hetzelfde blijven. Maar in elk lied zou een onderliggend motief moeten klinken, de boodschap van eenheid die *beide* verlangens van de werkelijkheid uitdrukt: het verlangen om te geven en het verlangen om te ontvangen.

Muziek is de uitdrukking van het zelf, van de diepste gevoelens van de kunstenaar. Daarom moet de artiest die een boodschap van eenheid en evenwicht tussen geven en ontvangen wil uitdrukken, het samenspel van deze krachten goed begrijpen en voelen. Want we kunnen het publiek niet voor de gek houden als we onze innerlijke wereld tot uitdrukking brengen.

Je hoeft geen nieuwe stijl te bedenken. Pop, hip-hop, rock n'roll, jazz, klassiek, etnisch en noem maar op, dat zijn allemaal oprechte uitdrukkingen van ons innerlijk en die hoeven niet veranderd te worden. Het enige wat we moeten veranderen is de onderliggende boodschap. In plaats van over wat twee mensen van elkaar verlangen, kan het bijvoorbeeld gaan over het verlangen om aan elkaar te geven. Of een lied kan gaan over het vinden van eenheid in de natuur.

Hoe meer we leren over de gevende kant van de natuur, hoe beter we nieuwe teksten kunnen schrijven. Als je bedenkt hoe het verlangen tot geven voortdurend zoekt naar manieren om zich uit te drukken door middel van het verlangen tot ontvangen, dan doet dat je vanzelf denken aan de manier waarop een man zoekt naar nieuwe manieren om zijn liefde voor zijn vrouw uit te drukken(of andersom). Prachtig en inspirerend kan het zijn als je die hartstocht omzet in woorden en in een melodie tot uitdrukking brengt!

Instrumentale Muziek

Westerse muziek is vanouds op harmonie gericht en dat maakt het haast een natuurlijk middel om eenheid en evenwicht tot uitdrukking te brengen. Veel beroemde componisten - met name Bach en Mozart - zorgden dat hun muziek evenwichtig en harmonieus was. Klassieke muziek is zelfs zo evenwichtig en weldadig dat de Universiteit van Leicester in Engeland ontdekte dat het de melkproductie bij koeien bevordert!

Maar van nu af aan moeten we evenwicht niet alleen zoeken omdat het mooi klinkt, maar omdat het ons kan helpen een hele nieuwe kant van de werkelijkheid uit te drukken. Het resultaat kan hartstochtelijk, fluisterzacht, razendsnel of rustig en beheerst klinken. Hoe dan ook, het effect van dergelijke muziek op de luisteraar zal enorm zijn, juist omdat zij onze levenskracht uitdrukt!

De muziek van Bach, Mozart, Beethoven lijkt ons nu rijk en kleurig, maar vergeleken bij muziek die beide verlangens uitdrukt, zal die oude muziek lijken op iets wat maar twee dimensies heeft in plaats van drie.

HOOFDSTUK 13 – ECONOMIE

De economie weerspiegelt onze onderlinge verbondenheid. Als we ons verenigen, heeft dat meteen een gunstig effect op de economie en daarmee op alle andere levensgebieden. Maar als ieder voor zich werkt, dan stort als eerste de economie in. En dan komt de rest ook tot stilstand.

De globalisering begon al eeuwen geleden, toen we voor het eerst handel begonnen te drijven. Als we toen op de hoogte waren geweest van het verlangen om te geven en het verlangen om te ontvangen, dan zou de geschiedenis van de mensheid niet zo een bloedige optocht van dwazen zijn geworden.

We kunnen de globalisering niet meer terugdraaien. In het eerste deel van dit boek zagen we al dat we ons moeten verenigen tot één mensheid, en dat we het natuurlijke principe van "realiseer jezelf door middel van samenwerking" moeten volgen. We moeten beide verlangens in onze interacties gebruiken, en in deze crisistijd geldt dat vooral voor onze financiële interacties.

Strenge regels zullen ons niet redden: Het gaat zo slecht met de economie doordat we alleen maar bezig zijn met ontvangen, ontvangen en nog eens ontvangen, en daarom moeten we de menselijke natuur reguleren, niet de economie. De eerste stap van het financiële reddingsplan is daarom: het geven van informatie die aantoont dat we wonen in een wereldwijd systeem van onderlinge afhankelijkheid.

We moeten de mensen uitleggen dat de wereld, en dus ook de economie, door twee krachten beheerst wordt. De eerste is het verlangen om te ontvangen, deze kracht leidt tot een economie "die op winst berust", dus kapitalisme. De tweede kracht is het verlangen om te geven, en die is gericht op het verhogen van de algemene welvaart en het algemene welzijn.

De oplossing komt hierop neer: van financiële interacties *moet iedereen profiteren*. En daarmee bedoelen we niet de twee partijen die een overeenkomst sluiten, maar *de hele wereld*.

Moeten beide partijen dan, voordat ze een overeenkomst sluiten, bij iedereen in de wereld langs gaan om te vragen of ze het ermee eens zijn? Dat zou niet bepaald praktisch zijn. Het betekent alleen maar dat we onze houding moeten veranderen: dat we in het belang van *iedereen* moeten willen handelen in plaats van alleen in ons eigenbelang.

Tot nu toe brengt een fabrikant bijvoorbeeld een nieuw product op de markt om zijn concurrenten voor te blijven. Elk nieuw bedrijf probeert zijn marktaandeel te vergroten, en we noemen dat hele proces: "kapitalisme". Maar in feite is het een poging om klanten te "stelen" van andere producenten. Dat vinden we normaal.

Banken zijn niet bezig met het redden van de economie door mensen te helpen met het opzetten van een bedrijf of met het kopen van een huis. Ze willen maar één ding: zoveel mogelijk winst maken voor hun aandeelhouders. En als ze daarvoor schandelijk lage lonen moeten betalen, of misdadig onverantwoordelijke leningen verschaffen (om die vervolgens te verkopen aan verzekeringsmaatschappijen, die dan de zwarte piet proberen door te geven, net zolang tot er iemand mee blijft zitten), dan noemen we dat allemaal "gewoon zaken doen". Elk bedrijf draait eigenlijk zo, van banken en verzekeringsmaatschappijen tot de gewone buurtwinkel. Wij noemen dat de "vrije markt".

Mensen moeten industrieën en ondernemingen opzetten die slechts zoveel verbruiken als nodig is om hun activiteiten te kunnen voort te zetten. Deze ondernemingen moeten werken zonder de opzet om extra buitensporige winst te maken.

Een dergelijke onderneming zal lijken op de bestaande non-profit organisaties, waarin alle werknemers een salaris verdienen, maar waarin de zaak als geheel geen winstoogmerk heeft. Het doel ervan is eenvoudig om producten te leveren tegen kostprijs. Zo een bedrijf lijkt op een cel in het lichaam, die slechts zoveel consumeert als nodig is om zijn functie te vervullen, in dienst van het lichaam als geheel.

Als alle organisaties in de maatschappij zo zouden handelen, zou niemand overbodige producten vervaardigen, en niemand zou met een ander concurreren. In plaats daarvan zou iedereen ontvangen wat hij nodig heeft om te leven.

Maar hoe kunnen we bepalen wat iemand nodig heeft om te leven? Wat "noodzakelijk" is, wordt bepaald door het gemiddelde niveau van welvaart op de plek waar iemand woont. Er zijn veel methodes om het gemiddelde vast te stellen. Baal HaSulam behandelt dit in detail in zijn artikel "*De toekomstige Generatie*".

Laten we zeggen dat elk gezin een kamer nodig heeft voor elk van de gezinsleden. Iedereen moet een baan hebben. Er moet openbaar vervoer beschikbaar zijn, om bijvoorbeeld van en naar het werk te kunnen gaan, en anders moet elk gezin de beschikking hebben over een auto. Dit alles moet in overeenstemming zijn met de veranderingen die in de wereld plaatsvinden. In ieder geval moet een gezin alles hebben wat nodig is voor een normaal bestaan.

Het probleem ligt niet in wat je bezit, maar in je houding daartegenover. Tenslotte wil de Schepper niet dat we lijden. Het doel van de schepping is immers om genot te geven aan de schepselen. Je moet je behoeften aan eten, seks, gezin, rijkdom, eer, macht en kennis bevredigen. Je moet geen tekort voelen in die verlangens, ze moeten vervuld worden voor zover ze essentieel voor je zijn. Het overige moet je gebruiken om aan je naaste te geven.

We moeten onze bedoeling veranderen. Als ieder van ons niet alleen op zijn eigen belang uit is dan is dat voor iedereen gunstig want dan vertrouwen mensen elkaar. En het is duidelijk dat vertrouwen in geldzaken het allerbelangrijkste is.

Op dit moment vertrouwt de ene bank de andere niet. En verzekeringsmaatschappijen vertrouwen banken niet, en helemaal niemand vertrouwt iemand die geld komt lenen, want wie weet krijgt hij morgen zijn ontslag, zijn baas is immers afhankelijk van de markt, en niemand vertrouwt de markt meer.

Dit brengt ons weer terug bij het eerste punt: het bestuderen van de natuurwetten. Elkaar vertrouwen zal niet lukken zonder begrip van de regel die ons en de rest van de wereld beheerst. Pas als we die wet begrijpen, kunnen we samen besluiten om ernaar te leven. Dan kunnen mensen die geld willen lenen hun baas vertrouwen, die de bank vertrouwt, die de verzekeringsmaatschappij vertrouwt, en iedereen kan dan vertrouwen hebben in de markt.

Zolang we niet leren te functioneren als één familie, komen we de recessie niet te boven. Maar als we dat wel doen, zijn wij en onze kinderen en kleinkinderen verzekerd van een welvarende toekomst.

HOOFDSTUK 14 – ONDERWIJS

Ons onderwijssysteem moet zich aanpassen aan de wereld waarin wij leven en het moet onze jeugd op het leven in die wereld voorbereiden.

Kennis is in deze tijd minder belangrijk dan sociale vaardigheden, want die kunnen ons en onze kinderen helpen om vervreemding, wantrouwen en achterdocht te overwinnen. Om onze kinderen goed voor te bereiden op het leven in de 21e eeuw, moeten we hen allereerst leren hoe onze werkelijkheid ontstaan is en hoe die veranderd kan worden. Bij het verlaten van de school moeten kinderen een volledig beeld hebben van de krachten die de wereld vormen, en moeten ze begrijpen hoe zij deze het beste kunnen gebruiken.

Haast overal ter wereld gaat het voor leerlingen en studenten nu nog om hun eigen, individuele prestaties. Hoe hoger hun cijfers, hoe hoger hun sociale status. In Amerika en veel Westerse landen meten ze niet alleen de eigen prestaties van studenten maar ook hun prestaties *in vergelijking met die van anderen.* Daardoor is het logisch dat studenten niet alleen zelf willen slagen, maar anderen ook graag zien mislukken.

Dit moet veranderen. De leerling of student moet niet gericht zijn op zijn eigen persoonlijke slagen maar op het slagen van de hele groep. Wie daarbij helpt zou de hoogste punten moeten krijgen.

Allereerst moet dus de sfeer op school veranderen. We hoeven egoïstische studenten niet te straffen, want als we de sociale norm veranderen dan past de jeugd zich vanzelf aan: niemand wil anders zijn dan anderen. Wat er moet ontstaan is een sfeer van vriendschap en van samenwerking. Hiervoor is het werken in studiegroepen de beste plaats, vooral als leerlingen beloond worden voor het helpen van elkaar.

Ook een volwassene bereikt zelden iets in zijn eentje. Zelfs wanneer dit wel zo lijkt, staat er meestal een team achter zijn succes. De natuur en ook ons eigen leven leren ons dus hoe belangrijk samenwerking is, waarom zouden we daar dan niet op school mee beginnen? Als kinderen op school merken dat ze voor hun slagen van elkaar afhankelijk zijn, dan leren ze daardoor om zorgzaam te zijn, in plaats van egocentrisch.

Eigenlijk is afhankelijkheid even natuurlijk voor kinderen als ademhalen. Vanaf zijn geboorte heeft een kind zijn ouders immers nodig om te overleven. Tegen de tijd dat hij naar school gaat, heeft hij een grote behoefte aan bevestiging door anderen, want daardoor krijgt hij zijn gevoel van eigenwaarde. De macht van de omgeving over een kind is zo sterk, dat het weinig moeite zal kosten om zorgzame jongeren te vormen, wanneer je maar een zorgzame sfeer om hen heen schept. We hoeven ze alleen maar te wijzen wat de juiste weg is naar succes voor zichzelf en voor anderen, en dan zullen ze zelfs voorop gaan.

Het nieuwe soort onderwijs doet twee dingen:

1. Informatie geven: scholen moeten de leerlingen leren over het verlangen om te geven en het verlangen om te ontvangen, hoe die samenwerken in de natuur en dat ze met elkaar in evenwicht moeten zijn. Dit moet gebeuren in aparte lesuren als onderdeel van elk vak. We hoeven de onderwerpen waarin we lesgeven dus niet te veranderen; we moeten alleen dat element B eraan toevoegen: het element van Balans.
    Biologie is dan nog steeds biologie, maar daarin is dan de uitleg verwerkt over hoe het samenspel van de krachten van geven en ontvangen bijvoorbeeld tot de ontwikkeling meercellige uit eencellige wezens leidt. Hetzelfde geldt voor natuurkunde en alle bèta vakken. Ook de alfa vakken zullen vernieuwd worden door het bestuderen van de geschiedenis en van maatschappijvormen met het oog op het samenspel van verlangens.

2. Samenwerking: vriendschap en onderlinge steun bevorderen: de volwassenen moeten dit gedrag niet aan de leerlingen opleggen, maar laten zien dat zulk gedrag de beste kans van slagen in het leven biedt, omdat het in overeenstemming is met de natuur.
    We moeten met elkaar samenwerken en niet concurreren. Anders zal alles wat we doen mislukken. Door hen de kunst van het samenwerken te leren, geven we onze kinderen het belangrijkste middel om de uitdagingen van het leven aan te kunnen.|
    En als wij het niet zelf doen, doet niemand het. Alleen scholen die aan de leerlingen leren om bij elke handeling rekening te houden met beide levenskrachten, zijn voor de kinderen van deze tijd de moeite waard.

HOOFDSTUK 15 – POLITIEK

De verandering waar dit boek over spreekt, kan lukken als we inzien dat onze eigen welvaart afhankelijk is van de welvaart van de hele wereld.

In het verleden was het genoeg als we goed waren voor onze familie. Dit bracht ons in evenwicht met de gevende kracht van de natuur op het niveau waarvan we ons toen bewust waren - dat van de familie.

Later was het niet meer genoeg om goed voor onze familie te zijn, maar moesten we ook zorgen voor de mensen in ons dorp. Dat bracht ons toen in evenwicht met de gevende kracht.

Wij groeiden verder en moesten vervolgens op nationaal niveau tot evenwicht komen met de gevende kracht van de natuur en niet meer alleen in onze stad of in onze familie.

En nu moeten we datzelfde doen ten opzichte van de hele wereld, want we zijn nu een bewust deel van de hele mensheid. Om in evenwicht te komen met de gevende kracht van de natuur moeten we nu dus onze bijdrage leveren aan de hele wereld.

Als we dat niet doen is het gevolg een crisis zoals we die om ons heen zien. Het is geen straf die ons van boven wordt opgelegd, maar gewoon het gevolg van onze ongehoorzaamheid aan de natuurwet, zoals de pijn die we voelen als we niet gehoorzamen aan de wet van de zwaartekracht door zomaar van het dak te springen. Voor ons, mensen, is kennis de beste bescherming.

En omdat ons belangrijkste nieuwe gereedschap de kennis van het natuurlijke verlangen om te geven is, moeten we allereerst de politici informeren. We moeten hen laten zien wat de oorzaak van de huidige crisis is. Politici zijn buitengewoon gevoelig voor wat werkt en wat niet werkt, en zullen daarom gauw genoeg inzien hoe en waarom zij hun politiek moeten aanpassen aan de eisen van dit moment. Dit proces is al spontaan begonnen, zodra de financiële crisis uitbrak.

De toespraak die Barack Obama op 20 Januari 2009 hield in de Ebenezer Baptistische Kerk in Atlanta, Georgia is een prachtig voorbeeld van een dergelijk besef: "Eenheid is wat wij nodig hebben in deze tijd, het is de grote behoefte van deze tijd. Niet omdat het mooi klinkt, of omdat het ons een prettig gevoel geeft, maar omdat het de enige manier is waarop we het belangrijkste tekort in dit land kunnen corrigeren. En daarmee bedoel ik niet een tekort op de betalingsbalans. Ik heb het niet over een handelstekort. Ik heb het niet over een tekort aan goede ideeën of aan nieuwe plannen. Ik heb het over een moreel tekort. Ik heb het over een tekort aan empathie. Ik bedoel dat wij onszelf niet in anderen herkennen; ik bedoel dat wij niet begrijpen dat wij onze broeders hoeder zijn; dat we allemaal samengeknoopt zijn in één kleed van het lot."

Het enige wat we hier nog aan toe moeten voegen, is het besef dat we door ons met elkaar te verenigen, op één lijn komen met de gevende kracht in de natuur.

Dit maakt geen einde aan debatten en conflicten, maar het betekent dat conflicten nu de beste aanleiding worden om over beide verlangens van de natuur na te denken en er rekening mee te gaan houden. Als de kiezers verstandiger worden, hoeven politici zich geen zorgen te maken over stemmenverlies wanneer zij een politiek debat verliezen. Juist als een politicus van mening durft te veranderen, wanneer hij daarmee het algemeen belang dient, zullen de kiezers dat zien als een bewijs van kracht.

Als de mensen zien dat hij serieus heeft nagedacht, maakt zijn keus nog meer indruk, want hij zal zeggen: "Kijk, ik heb na het afwegen van alle mogelijkheden, besloten dat het idee van mijn tegenstander jullie meer oplevert dan het mijne. Daarom vind ik dat jullie dat idee moeten steunen."

Dan is zijn bijdrage aan de verandering zelfs nog groter dan die van de "winnaar" van het debat. Door deze houding brengt hij immers niet alleen eenheid, maar hij zorgt ook dat er veel dieper over de ideeën wordt nagedacht.

Zo moet ook de internationale politiek veranderen. In deze tijd is het veel belangrijker om voor de wereld te zorgen, dan alleen voor het eigen land. Natuurlijk moet deze houding door alle landen worden gedeeld, anders kan die geen succes hebben. Daarom is het zo belangrijk dat iedereen weet heeft van de twee verlangens die de basis van de wereld vormen. Zonder die kennis zullen isolatie en protectionisme de overhand krijgen en zullen er oorlogen uitbreken. Maar mét die kennis hebben we eindelijk echt de kans om tot wereldvrede te komen.

HOOFDSTUK 16 – GEZONDHEIDSZORG

Duizenden jaren geleden, in het oude China, werd de geneeskunst heel anders beoefend dan tegenwoordig. In die tijd zette elk huishouden een vaas bij de voordeur. De genezer deed zijn ronde langs de huizen van het dorp en keek in elke vaas. Als er een munt in zat, nam hij die en ging verder, in de wetenschap dat iedereen in dat huis gezond was.

Als de vaas leeg was, wist hij dat er iemand in dat huis ziek was. Dan ging hij naar binnen en behandelde de patiënt zo goed als hij kon. Als de patiënt weer beter was, ging de dagelijkse betaling van een munt weer door.

Dit zorgde ervoor dat de genezer belang had bij de gezondheid van zijn patiënten, want zolang ze gezond waren, werd hij betaald. Om zoveel mogelijk te verdienen moest hij zorgen dat de mensen voor wie hij verantwoordelijk was, zo lang mogelijk gezond bleven. Dus wandelde hij in zijn vrije tijd door het dorp en gaf hij de mensen raad over hun levenswijze en waarschuwde hij de mensen die daar niet op letten. Als iemand koppig weigerde verstandig te leven, dan sloeg de genezer hem bij zijn ronde over en weigerde hem de medische verzorging die hij nodig had.

Deze eenvoudige methode die ervoor zorgt dat de patiënt én de genezer belang hebben bij gezondheid - is wel heel anders dan onze eigen gezondheidszorg.

Bij ons wordt het salaris van de dokter mede bepaald door het aantal patiënten dat hij dagelijks behandelt. Wat hij voorschrijft en hoe hij zijn patiënten behandelt, wordt mede bepaald door de farmaceutische industrie en de verzekeringsmaatschappijen.

Het ziekenhuis krijgt meer geld voor meer behandelde patiënten. De farmaceutische industrie zit in hetzelfde schuitje: stel dat zij een medicijn zou produceren dat ziekte werkelijk de wereld uit helpt, dan zouden ze zichzelf bankroet maken! Voor hun moeten we én in leven blijven én ziek, en dit geldt voor de hele medische wereld.

Dit is niemands schuld. Doktoren zijn geen slechte mensen, niet slechter dan u of ik. Ze zitten in een systeem dat steeds meer bezig is met haar eigen financiële gezondheid, in plaats van met de gezondheid en het welzijn van patiënten.

De gezondheidszorg moet tegenwoordig zoveel bezuinigen, dat er overal een situatie als in de VS dreigt, waar mensen steeds vaker naar de rechter gaan vanwege medische fouten. Daartegen moeten de doktoren of ziekenhuizen zich dan weer verzekeren, waardoor de gezondheidszorg duurder wordt en de neiging weer groter om ten koste van patiënten te bezuinigen. Het ziet ernaar uit dat het hele systeem ziek is.

Welke boosdoener is hiervoor verantwoordelijk? Onze eigen onwetendheid over de natuur!

De Gezondheidszorg Gezond Maken

Het is duidelijk dat we het oude Chinese systeem van gezondheidszorg niet kunnen overnemen. Maar het Chinese model toont wel aan hoe eenvoudig, goedkoop en gezond de gezondheidszorg zou moeten zijn.

Niemand begrijpt evenwicht beter dan doktoren. In de geneeskunde heet het "homeostase", dat wil zeggen een tamelijk stabiele evenwichtstoestand of het streven daarnaar, tussen verschillende maar onafhankelijke elementen of groepen elementen van een organisme.

Homeostase, dus het evenwicht tussen alle delen van het organisme, bepaalt of een lichaam gezond is of ziek. Het is voor doktoren een voor de hand liggend begrip.

Iedereen die ooit biologie bestudeerd heeft, weet dat een gezonde cel al het mogelijke doet om zijn gastlichaam te ondersteunen, en in ruil daarvoor houdt dat de cel in leven en beschermt hem. Een kankercel doet het tegenovergestelde - hij neemt van het organisme zoveel hij kan en geeft er niets voor terug. Het gevolg is dat het gastlichaam op wordt gebruikt en tegelijk met het kankergezwel sterft.

Medische onderzoekers en doktoren die dit proces door en door kennen, zijn dus de beste kandidaten voor een verandering van inzicht. Als zij beginnen met het bestuderen van de beide eigenschappen van de natuur herkennen ze die meteen. Ze zijn het beste in staat om de behoefte aan wederzijdse garantie tussen alle mensen te zien. En om in te zien dat de dagen van het huidige systeem geteld zijn, en dat onmiddellijke verandering dringend noodzakelijk is.

Wanneer deze intelligente mensen, die samen de "moderne gezondheidszorg" vormen, begrijpen wat er ontbreekt aan het evenwicht, dan kan de gezondheidszorg snel genezen worden. De gezondheidszorg vertoont niet alleen de duidelijkste symptomen van de ziekte waaraan de mensheid lijdt, zij kan ook het beste voorbeeld van het genezingsproces worden.

HOOFDSTUK 17 – ECOLOGIE

Je zou verwachten dat ecologie wel het gemakkelijkste onderwerp in dit boek is. Maak alle auto's elektrisch, laat alle fabrieken op duurzame energie draaien, en zorg dat al het plastic gerecycled kan worden, en zie, de wereld wordt weer mooi, groen en koel. Maar als het zo gemakkelijk is, waarom is het dan nog niet gelukt?

Misschien doordat we het zo druk hadden met geld verdienen aan fossiele brandstof en goedkoop plastic, dat we alles ervoor aan de kant gezet hebben, ook de thuisplaneet van onszelf en van onze kinderen. Of misschien doordat zonne-energie gewoon inefficiënt en te kostbaar is en dat zij de prijs van elektriciteit zo zo zou opdrijven dat die te duur wordt voor dagelijks gebruik.

Maar deze antwoorden gaan over technische dingen en richten zich niet op de kern van de zaak - onze onverschillige houding tegenover de aarde en onze onwil om rekening te houden met anderen. Kortom, het echte probleem is de menselijke natuur.

Onze houding tegenover onze planeet is haast misdadig: in het ene deel van de wereld veroorzaken we overstromingen die de oogsten vernietigen waardoor de mensen sterven van de honger, en in andere delen van de wereld veroorzaken we droogte waardoor mensen sterven van de dorst. Waarom zijn we toch zo harteloos tegenover de natuur en tegenover elkaar?

Het antwoord is dat we de diepste bron van ons bestaan niet kennen: het evenwicht tussen de kracht van het verlangen om te geven en de kracht van het verlangen om te ontvangen. Dit evenwicht bestaat op elk niveau van de natuur: dat van stenen, van planten en van dieren. Wij mensen denken dat we boven de natuur staan, misschien niet in theorie maar zeker in de praktijk. De waarheid is dat we er helemaal niet boven staan. We zijn er deel van.

Wij zijn het sprekende deel, het hoogst ontwikkelde niveau van de natuur. Daardoor hebben wij ook de meeste invloed, meer dan alle andere niveaus van de natuur. En wat belangrijker is: onze innerlijke toestand heeft nog méér invloed op de rest van de natuur, dan onze uiterlijke daden. Wanneer onze innerlijke toestand onevenwichtig is, egoïstisch en blind voor de gevende kracht van de natuur, dan vervalt de hele natuur tot egoïsme en blindheid voor de gevende kracht, en dan lijdt iedereen daaronder: planten, dieren zowel als mensen.

Daarom wordt de wereld er niet gastvrijer op, ook al rijden we in elektrische voertuigen, en ook al gebruiken we alleen duurzame energie. Wat wel verschil maakt, is het erkennen van het verlangen om te geven, en dat een plaats geven in ons leven.

Bedenk eens hoezeer een gewone verkoudheid je hele lichaam beïnvloedt. Je haalt minder gemakkelijk adem, je hebt geen eetlust, je temperatuur stijgt, je verzwakt en je kunt je minder goed concentreren. Zo sterk beïnvloeden wijzelf ook de wereld. Het lijkt wel of de wereld een klein dorp is geworden, waarin alles wat je doet, invloed op iedereen heeft. Daarom is het onze verantwoordelijkheid om het natuurlijke evenwicht van de natuur te leren kennen en die kennis in ons leven toe te passen.

Dit wil niet zeggen dat er een storm boven de Atlantische Oceaan gaat liggen wanneer ik een oude dame help oversteken. Maar als we *allemaal,* omdat we de gevende kracht willen leren kennen, evenveel rekening houden met elkaar als met onszelf, dan maken we allemaal samen een eind aan al het lijden.

Dat klinkt misschien als een sprookje, maar als je bedenkt dat wij de enige valse noot en het enige storende element zijn in de harmonie van de natuur, dan is het logisch dat we een omwenteling teweeg kunnen brengen in de hel die onze planeet aan het worden is.

HOOFDSTUK 18 – TERUG NAAR DE NATUUR?

Dit hoofdstuk gaat over een onderwerp dat enigszins "afwijkt" van het onderwerp van dit boek, maar de bespreking ervan kan ons helpen bij het verhelderen van veel onderwerpen uit dit deel.

In deze tijd is er een nieuwe neiging om te denken dat terugkeer tot de Natuur het antwoord op al onze problemen is. Maar heeft dat wel iets te maken met het zoeken naar evenwicht met de Natuur zoals Kabbalah bedoelt? Met andere woorden, zal het terugkeren tot de Natuur ons meer in evenwicht met de Natuur brengen? Dit hoofdstuk houdt zich onder andere met deze vraag bezig.

De voorstanders van terugkeer tot de Natuur willen in harmonie met de Natuur te leven, ongeveer zoals onze ouders en voorouders. Zij willen schonere lucht, organisch voedsel en de terugkeer naar het leven op het land. Het heeft allemaal te maken met het idee dat de mensheid dichterbij de Natuur veel evenwichtiger zou zijn en dat we ons daar veel beter bij zouden voelen.

Hoe dichter oeroude stammen bij de Natuur stonden, hoe sterker ze de Natuurkracht van liefde voelden. Jane Goodall, die haar leven gewijd heeft aan het bestuderen van chimpansees en lange tijd tussen hen woonde, zei dat ze, na jarenlang in de Natuur geleefd te hebben, de allesomvattende Natuurkracht van liefde voelde. Ze zei dat ze de Natuur begon te voelen en te horen en dat ze daardoor wist dat er geen "kwade" kracht was, alleen gedachten van liefde. Door het jarenlange leven in de jungle dichtbij de primaten, begon Goodall hun emoties te begrijpen. Zij kwam tot de overtuiging dat deze dieren de Natuur begrijpen en de liefde erin ervaren.

Ongetwijfeld is zo'n ervaring prachtig. Maar dit is niet het soort evenwicht waar dit boek over spreekt. Het bijzondere gevoel dat de terugkeer naar de Natuur een moderne mens kan geven, is voorbijgaand en onvolledig. Het is maar een fractie van wat elk dier ervaart. Aan de mens heeft de Natuur een veel hogere graad van evolutie toebedacht.

Er is een goede reden waarom de Natuur ons uit holen en bosjes heeft verjaagd en ons gedwongen heeft om een ingewikkelde menselijke samenleving te ontwikkelen. Juist in deze menselijke samenleving moeten we evenwicht zien te scheppen tussen onszelf en anderen.

De terugkeer naar de Natuur gaat vaak samen met andere traditionele leringen zoals Yoga, en allerlei meditatietechnieken. Zulke leringen zorgen voor rust, kalmte en een gevoel van heelheid, maar zij kunnen ons niet dichter bij het doel van de Natuur brengen. Ze vertrouwen op het onderdrukken en verkleinen van het ego. Daardoor halen ze het menselijke ego naar beneden, van het menselijke "sprekende" niveau naar een lagere graad: die van het dier, de plant of de steen.

Als mensen hun ego verlagen van het sprekende niveau naar het dierlijke, ervaren ze de Natuur als weldadig, maar zij voelen dit alleen maar op het dierlijke niveau. Daarmee voelen ze zich lichamelijk en psychologisch tevreden, maar deze tevredenheid kan slechts van korte duur zijn. Ons ego groeit voortdurend en dat onderscheidt ons van de dieren; ons ego laat ons niet lang genoegen nemen met de dierlijke staat.

Zulke methoden houden onze ontwikkeling tegen en zijn tegengesteld aan de richting waarin de Natuur ons leidt: naar een hoger niveau dan onze huidige staat, naar het niveau van het "gecorrigeerde spreken". De natuur laat niet toe dat wij ons ego verkleinen, zoals we duidelijk kunnen zien in landen als China en India. Daarin was het egoïsme tot voor kort niet groot, maar de laatste jaren nemen die landen deel aan de race naar welvaart en macht en hebben ze hun achterstand in een recordtempo ingehaald.

Het egoïsme in de wereld van vandaag is het egoïsme van het sprekende niveau. Om ermee om te gaan, hebben we een hele nieuwe methode nodig, met andere ideeën dan het onderdrukken van het ego. De wijsheid van Kabbalah is de enige methode die de volle kracht van het ego gebruikt, maar op een nieuwe manier. Deze wijsheid verschijnt in onze tijd om de mensheid te helpen het doel van de Natuur te verwezenlijken en als één mens op te klimmen naar een hoger niveau van het bestaan.

Evenwicht Op Het Sprekende Niveau

Om op het sprekende niveau in evenwicht met de Natuur te komen, moeten we onderzoeken in welk evolutionair proces we ons bevinden, hoe dat begon en waar het ons naartoe leidt. Dan pas kunnen we het denken van de Natuur begrijpen.

Dat onderzoek brengt ons op het niveau van het gecorrigeerde spreken. In die toestand kunnen we over grenzen van tijd en ruimte heen zien en de hele stroom van de werkelijkheid voelen. Het einde van het proces verenigt zich met het begin ervan en we worden ons bewust van de manier waarop alle fasen van het proces geleidelijk in iemand ontstaan.

Daardoor zien we hoe alle fasen in een prachtige harmonie verenigd zijn, hoe ze wederzijds afhankelijk zijn en elkaar beïnvloeden. Zo voltooit de mens de evolutionaire cyclus en ziet niet langer het begin of het einde van tijden, van ruimten of van processen. Hij ontdekt dat alles al aanwezig was in het plan van de Natuur. En in die werkelijkheid bevindt hij zich dan want als we een werkelijkheid waarnemen, dan bevinden we ons daarin. In die toestand kan iemand voelen waarom de Natuurkracht genoemd wordt: "goed en doet goed". Dieren beleven de natuur ook wel als "goed en doet goed" maar zij ervaren dit als een toestand, en niet als een voortdurend proces.

Alleen de mens kan de Natuur ervaren als een levend proces, een stroom van informatie en gebeurtenissen. Hij neemt de heelheid en de compleetheid van de Natuur waar. Dit bevrijdt hem van zijn beperkingen, en hij identificeert zich niet langer met zijn lichaam. Dan stijgt de mens op naar een bestaansniveau dat voorbij de werkelijkheid ligt die door de fysieke zintuigen wordt waargenomen en hij bereikt het denken van de Natuur, het eeuwige, allesomvattende veld.

Deel Drie

Korte Inleiding tot de Leer

Nu we het belang van de studie van Kabbalah hebben aangegeven is het tijd om een aantal van haar fundamentele ideeën te leren. Ook al kunnen we in dit boek de spirituele werelden niet diepgaand bespreken, we kunnen in dit deel toch de basis leggen voor een verdere studie van Kabbalah.

HOOFDSTUK 19 – DE OORSPRONG VAN DE SCHEPPING

De Spirituele Werelden

De Schepping is geheel gemaakt uit één substantie: het verlangen om genot te ontvangen. De evolutie van dit verlangen verliep in vier fasen, en pas in de laatste fase spreken we van "een schepsel". De grondstructuur van de evolutie van verlangens in vier fasen vormt de basis van al het bestaande.

Afbeelding 1 laat de vier fasen van de vorming van het schepsel zien. Als we dit proces bekijken als een verhaal, beseffen we beter dat de tekeningen veranderingen in onze emoties aanduiden en geen plaatsen of voorwerpen.

De Idee Van De Schepping

Voordat er iets gemaakt wordt, moet er een idee zijn, een plan. In het geval van de Schepping noemen we de gedachte waaruit het Geschapene voortkwam: "de Idee van de Schepping".

Abraham, die de wijsheid van Kabbalah ontdekte en die de eerste was die haar verspreidde, ontdekte dat het heelal "gehoorzaamde" aan een kracht van liefde en geven. Omdat hij zich realiseerde dat dit de kracht was die alle leven schiep, noemde hij deze "de Schepper". In Kabbalah is de term "Natuur" uitwisselbaar met de term "Schepper". Abraham zei ook dat het de wil van de Schepper is om ons een heel speciaal geschenk te geven: net als Hij te worden. Daar Hij de meest volmaakte, almachtige, alwetende staat is die er kan bestaan, en omdat Hij een kracht van liefde is, wil Hij ons het allerbeste geven: Zichzelf.

Afbeelding 1 toont de Idee van de Schepping als een verlangen om genot ("Licht" genaamd) te geven aan de schepselen. Dit is de wortel van de Schepping, het begin van ons en van alle leven.
Kabbalisten gebruiken de term *Kli* (vat) om het verlangen naar genot, naar Licht, te benoemen. In de spirituele betekenis van het woord is het vat het instrument dat de Schepper waarneemt. Dit verklaart waarom Kabbalisten hun wijsheid "de wijsheid van Kabbalah" (de wijsheid van het ontvangen) noemden.

Er is ook een goede reden waarom Kabbalisten genot "Licht" noemen. Als de *Kli* - een schepsel, een persoon- de Schepper voelt, ervaart deze in zichzelf het dagen van een grote wijsheid. Op dat moment realiseert hij zich dat die wijsheid er altijd al was, maar verborgen. Het lijkt alsof het donker van de nacht verandert in daglicht en alsof het onzichtbare zichtbaar wordt. Omdat het Licht kennis met zich meebrengt, noemen Kabbalisten dit: "het Licht van Wijsheid" en de methode om het te ontvangen: "de wijsheid van Kabbalah".

De Vier Fundamentele Fasen (En Hun Wortel)

Laten we terugkeren naar het verhaal van de schepping. Om de Idee van de schepping uit te voeren, ontwierp de Schepper de Schepping zó dat zij het genot wilde ontvangen van het identiek zijn aan de Schepper. Als je kinderen hebt, weet je hoe dat voelt. Niets maakt een ouder trotser dan de opmerking :"Dat kind lijkt sprekend op jou!".

De Idee van de Schepping - genot te geven aan het schepsel - is dus de wortel van de Schepping. Daarom wordt de Idee van de Schepping de "Wortelfase" of "Fase Nul" genoemd. Het verlangen om genot te ontvangen is "Fase Een".

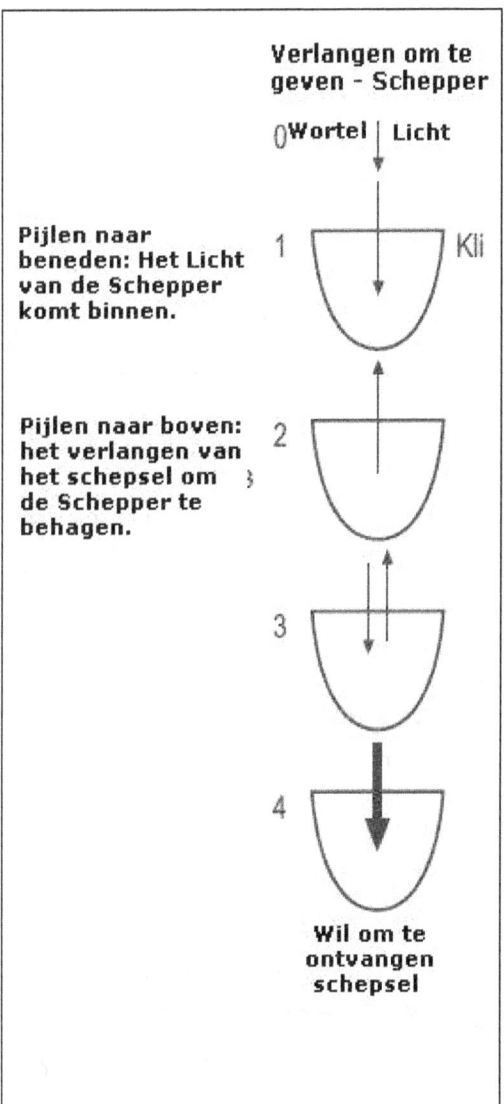

Afbeelding 1: De vier ontwikkelingsfasen van de wil om te ontvangen.

Kabbalisten verwijzen naar de Schepper als: "de Wil om te Geven", en naar het schepsel als: "de wil om genot te ontvangen", of korter: "de wil om te ontvangen". We zullen later nog spreken over het waarnemen van de Schepper maar nu is het belangrijk dat Kabbalisten altijd zeggen wat *zij* waarnemen. Ze beweren niet dat de Schepper verlangt om te geven; zij zeggen dat zij zien dat de Schepper verlangt om te geven, en dat zij Hem daarom: "de Wil om te Geven" noemen. Omdat zij in zichzelf een verlangen voelen om het genot te ontvangen dat Hij wil geven, noemen ze zichzelf: "de wil om te ontvangen".

Dus de wil om te ontvangen is de eerste schepping, de wortel van elk schepsel. Als de Schepping, de wil om te ontvangen, ervaart dat het genot van een gever komt, begint zij te voelen dat echt genot eigenlijk in het geven zit, niet in het ontvangen. Als gevolg daarvan, begint de wil om te ontvangen ernaar te verlangen een gever te worden. *(Let op de naar boven gerichte pijl vanuit de tweede Kli).* Daarmee begint een hele nieuwe fase - fase Twee.

Laten we eens zien wat het verschil is tussen Fase Twee en Fase Een. Op afbeelding 1 zien we dat de *Kli* zelf tijdens alle fasen gelijk blijft. Dat wil zeggen dat de wil tot ontvangen onveranderlijk is. Omdat de wil tot ontvangen in de Idee van de Schepping ontstaan is, is deze wil eeuwig en kan zij nooit veranderd worden.

Waarnáár de *Kli* verlangt, verandert wel. In Fase Twee wil zij genieten van *geven*, niet van ontvangen, en dat is een fundamentele verandering. Een fundamenteel verschil is daardoor ook dat Fase Twee een ander wezen nodig heeft om aan te geven. Doordat zij een gever wil zijn moet Fase Twee een positieve relatie aangaan met iets of iemand buiten zich.

Fase Twee, die ons dwingt om te geven ondanks het onderliggende verlangen om te ontvangen, maakt leven mogelijk. Zonder Fase Twee zouden ouders niet voor hun kinderen zorgen en zou het leven in een gemeenschap of maatschappij onmogelijk zijn. Als ik bijvoorbeeld een restaurant heb, dan is mijn onderliggend verlangen geld te verdienen. Maar om dat te doen, geef ik eten aan vreemden waarvoor ik niets voel. Hetzelfde geldt voor bankiers, winkelpersoneel, taxichauffeurs enzovoort.

We kunnen gemakkelijk inzien waarom altruïsme en niet de

wil om te ontvangen de wet van de Natuur is, ook al vormt de wil om te ontvangen de grond van elke motivatie, zoals de Idee van de Schepping het voorschrijft. Vanaf het moment dat er in de Schepping zowel een verlangen is om te ontvangen als een verlangen om te geven, is alles wat er gebeurt het resultaat van de wederkerige "relatie" tussen Fase Een en Fase Twee.

We zagen zojuist dat het nieuwe verlangen om te geven in Fase Twee de Schepping dwingt om te communiceren, om iemand te zoeken die er behoefte aan heeft te ontvangen. Daarom begint Fase Twee te onderzoeken hoe en wat zij aan de Schepper kan geven. Aan wie anders zou zij moeten geven?

> *Onze wil om te ontvangen, die tegengesteld is aan de wil van de Schepper om te geven, onderscheidt ons van de Schepper en scheidt ons van Hem. Maar de Schepper schiep ons niet alleen tegengesteld aan Hem, Hij gaf ons ook een manier om de kloof te overbruggen, en de wijsheid van Kabbalah leert ons die.*

Maar wanneer Fase Twee werkelijk probeert te geven, ontdekt zij dat de Schepper alleen maar wil geven. Hij heeft absoluut geen verlangen om te ontvangen. Trouwens wat zou de Schepping aan de Schepper kunnen geven?

Bovendien komt Fase Twee er nu achter dat zij in haar diepste kern echt alleen wil ontvangen. Zij ontdekt dat haar wortel in wezen een wil om genot te ontvangen is, en dat er geen greintje verlangen om te geven in haar zit.

Dan ontdekt de Schepping dat het de Schepper plezier geeft als zij ontvangt, omdat geven het enige is wat Hij wil. Dit lijkt misschien verwarrend, maar denk eens aan het plezier dat een moeder beleeft aan het voeden van haar baby, dan besef je dat de baby de moeder een plezier doet, gewoon door de voeding te ontvangen.

In Fase Drie *kiest* de Schepping (de wil om te ontvangen) er daarom voor om te ontvangen. Daardoor geeft ze terug aan de Wortelfase, aan de Schepper.

Nu hebben we een complete cyclus, waarin beide partijen gever zijn. Fase Nul is de Schepper die geeft aan de Schepping (Fase Een). En in Fase Drie geeft de Schepping, nadat zij door Fase Een en Twee gegaan is, terug aan de Schepper door van Hem te ontvangen.

In afbeelding 1, is Fase Drie weergegeven als een *Kli* met twee pijlen, de ene wijst naar boven en de andere naar beneden. De pijl naar beneden geeft aan dat Fase Drie ontvangt, net zoals in Fase Een, en de pijl naar boven geeft aan dat het haar *bedoeling* is om te geven, zoals in Fase Twee.

Nogmaals, zij gebruikt dezelfde wil tot ontvangen als in Fase Een en Twee. Daarin verandert niets. Wat er wel verandert, is de bedoeling waarmee Fase Drie ontvangt: in Fase Een gebeurde dat zonder nadenken, maar in Fase Drie ontvangt zij om de Schepper te behagen.

Zoals we al in het eerste deel van dit boek zagen, zijn onze egoïstische bedoelingen de oorzaak van alle problemen in de wereld. Ook hier, aan de wortel van de Schepping, is de bedoeling veel belangrijker dan de handeling zelf. Om het belang van de bedoeling duidelijk te maken, stelt Baal HaSulam dat Fase Drie tien procent ontvangen is, en negentig procent geven.

Fase Vier - Hunkeren Naar De Geest Van De Schepper

Het lijkt of we nu een volmaakte cyclus hebben, waarin de Schepper erin is geslaagd om het schepsel gelijk te maken aan Zichzelf, een gever. Bovendien geniet de Schepping van dit geven, en behaagt zij daarmee de Schepper.

Maar is daarmee de Idee van de Schepping voltooid? Niet helemaal. De Schepping gedraagt zich wel zoals Hij maar kan niet denken zoals Hij. De daad van ontvangen (in Fase Een) en het inzicht (in Fase Twee) dat de Schepper alleen maar wil geven, brengen de Schepping ertoe in de staat van de Schepper te *willen* zijn en dat is Fase Drie.

Ook al is zij een gever zoals de Schepper toch heeft de Schepping Zijn staat niet bereikt. Om de Idee van de Schepping te realiseren moet zij zich het *denken* van de Schepper eigen maken, niet slechts Zijn handelen. Dan zou zij kunnen begrijpen *waarom* de Schepper haar gemaakt had. Het is duidelijk dat het verlangen om de Idee van de Schepping te begrijpen een hele nieuwe fase is. Het enige waarmee we het kunnen vergelijken is een kind dat niet alleen even sterk wil zijn als zijn ouders, maar ook even wijs. We weten instinctief dat dit alleen kan wanneer het kind opgroeit en in de voetsporen van zijn ouders treedt. Daarom zeggen ouders zo vaak tegen hun kinderen: "Wacht tot je zelf kinderen hebt, dan zul je het wel begrijpen."

In Kabbalah noemen we het begrijpen van de Idee van de Schepping het "bereiken" van het diepste niveau van begrip. Daarnaar hunkert de wil om te ontvangen in Fase Vier.

Het verlangen om de Idee van de Schepping te bereiken is de sterkste kracht in de Schepping. Deze kracht staat achter het hele evolutieproces. Of we ons er nu van bewust zijn of niet, uiteindelijk zoeken we allemaal naar de kennis die verklaart waarom de Schepper doet wat Hij doet. Dit streven bracht Kabbalisten duizenden jaren geleden ertoe om de geheimen van de Schepping te ontsluieren. We zullen geen rust vinden totdat wij ze begrijpen.

Een van de meest gebruikte termen in Kabbalah is: Sefirot. Het komt van het Hebreeuwse woord Sapir (saffier) en elke Sefira (enkelvoud van Sefirot) heeft zijn eigen Licht. Elk van de vier fasen is genoemd naar een of meer Sefira. Fase Nul wordt Keter genoemd; Fase een, Hochma; Fase Twee, Bina; Fase Drie, Zeir Anpin; en Fase Vier, Malchut.

Eigenlijk zijn er tien Sefirot omdat Zeir Anpin is samengesteld uit zes Sefirot: Hesed, Gevura, Tifferet, Netzah, Hod, Yesod en Malchut.

HOOFDSTUK 20 – DE ZOEKTOCHT NAAR DE IDEE VAN DE SCHEPPING

Ofschoon de Schepper wil dat wij het genot ontvangen van aan Hem gelijk te worden, gaf Hij ons dit verlangen niet bij aanvang. Het enige dat Hij ons, de Schepping gaf was een oneindig verlangen naar genot. Maar, zoals we in de opeenvolging van de fasen zien, gaf Hij de Schepping niet het specifieke verlangen om zoals Hij te zijn. Dit verlangen kwam in de fasen in haar tot ontwikkeling.

In Fase Drie had de Schepping al alles ontvangen en had zij al de intentie om aan de Schepper terug te geven. Daarmee had de reeks kunnen eindigen, want ze deed toen al precies wat de Schepper deed: geven. In die zin waren de Schepper en de Schepping al gelijk.

Maar de Schepping nam geen genoegen met geven. Zij wilde begrijpen wat het geven zo plezierig maakte, waarom de gevende kracht nodig was om de werkelijkheid te scheppen, en wat voor wijsheid de gever verkreeg door te geven. Kortom, de Schepping wilde de Idee van de Schepping begrijpen. Dit was een nieuwe hunkering, die de Schepper haar niet had "ingeprent".

Toen de Schepping het verlangen ontwikkelde om zoals de Schepper te worden, werd zij een apart wezen, gescheiden van Hem. We kunnen dit als volgt bekijken: Als ik zoals iemand anders wil worden, dan houdt dit noodzakelijkerwijs in dat ik me ervan bewust ben dat er iemand anders bestaat, en dat die iemand iets heeft wat ik wil hebben. Misschien iets wat hij bezit, of een eigenschap maar in ieder geval iets wat hij heeft en dat ik ook heel graag wil hebben.

In een dergelijke staat realiseer ik me niet alleen dat er iemand anders behalve ikzelf bestaat, maar ook dat hij niet alleen *anders* is dan ik, maar *beter.* Waarom zou ik anders zo willen zijn als Hij?

Daarom is *Malchut,* Fase Vier heel anders dan de eerste drie fasen. Zij wil een heel specifiek soort genot ontvangen (vandaar de dikkere pijl), namelijk het genot van gelijk aan de Schepper te zijn. Vanuit het standpunt van de Schepper, voltooit het verlangen van *Malchut* de Idee van de Schepping, de cyclus die Hij oorspronkelijk in gedachte had. (Afbeelding 2).

Zoals afbeelding 2 toont, zal het bereiken van de Idee van de Schepping *Malchut* (de Schepping) verheffen tot een hoger niveau dan zijn eigen wortel, een hogere plaats dan de Bron die haar schiep. Eenvoudig gezegd, dat bereiken zou *Malchut* verheffen tot het niveau van de Schepper en haar identiek aan Hem maken.

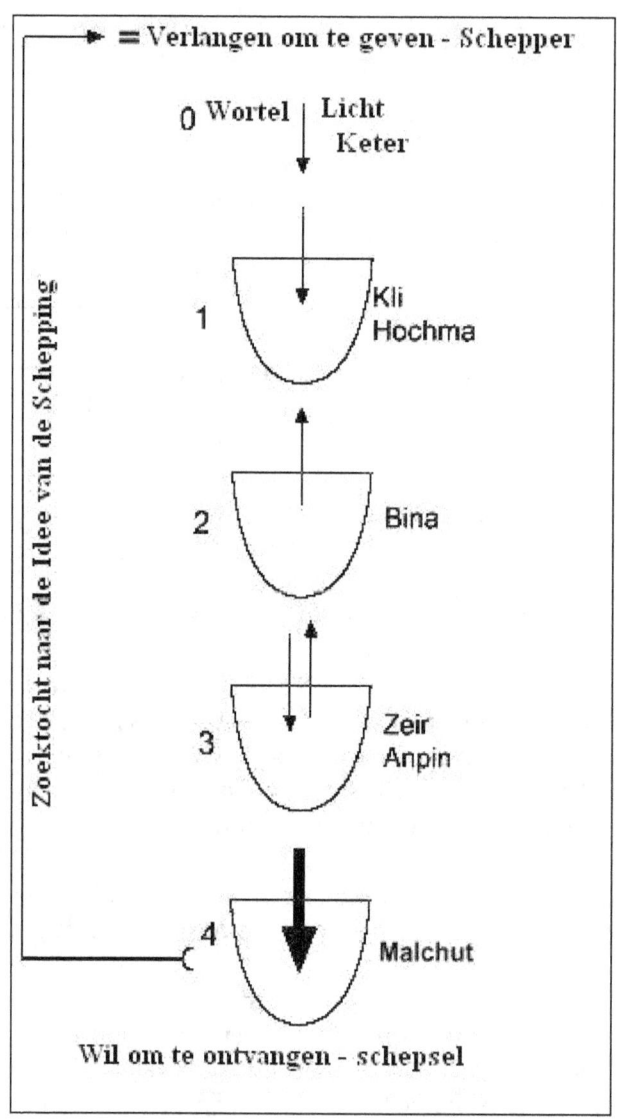

Afbeelding 2: De pijl van *Malchut* naar de Schepper is de aanduiding van het gerichte verlangen van *Malchut* om te worden als de Schepper door Zijn Idee te bereiken.

Helaas kijken wij niet vanuit het standpunt van de Schepper. Vanaf hier beneden, gezien door onze gebroken spirituele brillenglazen, ziet het beeld er veel minder ideaal uit. Opdat de Schepping, die totaal tegengesteld is aan de Schepper, kan worden als de Schepper, moet ze haar wil om te ontvangen gebruiken met de *bedoeling* om te geven. Daarmee verandert ze het gericht zijn op haar eigen genot in het gericht zijn op de vreugde die de Schepper beleeft aan het geven. Daardoor zal zijzelf ook een gever worden.

In feite ontving de Schepping al in Fase Drie omwille van het geven aan de Schepper. In het perspectief van de Schepper had Fase Drie het werk van gelijkwording aan de Schepper al voltooid.

De Schepper geeft om te schenken, en Fase Drie ontvangt om te schenken, in die zin zijn ze dus gelijk.

Maar het ultieme genot zit niet in het weten wat de Schepper doet en in het nabootsen van Zijn handeling. Het ultieme genot zit in het weten *waarom* Hij doet wat Hij doet, in het verwerven van dezelfde *gedachten* als Hij heeft, en zelfs in het verwerven van Zijn aard, Zijn natuur. En deze kennis van de aard van de Schepper is niet aan de Schepping gegeven. Deze moet de Schepping (Fase Vier) zelfstandig bereiken.

We zien hier een mooie overeenkomst. Enerzijds lijkt het alsof de rol van ons (de Schepping) en die van de Schepper tegenovergesteld zijn aan elkaar, want wij ontvangen wat Hij geeft. Maar in feite is het grootste genot voor Hem om te zien dat wij gelijk aan Hem worden, en het grootste genot voor ons is als Hem te worden. Evenzo wil elk kind als zijn ouders worden, en natuurlijk wil elke ouder dat zijn of haar kind bereikt wat zijzelf niet konden bereiken.

Dus streven wij en de Schepper feitelijk naar hetzelfde doel! Als we dit denkbeeld zouden begrijpen, dan zag ons leven er heel, heel anders uit. In de plaats van de verwarring en desoriëntatie die velen van ons nu ervaren, zouden wij en de Schepper samen op weg zijn naar het doel dat sinds de dageraad van de Schepping op ons wacht.

Kabbalisten gebruiken veel termen om de "wil om te geven" aan te duiden: Schepper, Licht, Gever, de Idee van de Schepping, Fase Nul, Wortel, Wortelfase, Keter, Bina, en vele andere.

Ook om de "wil om te ontvangen" aan te duiden, gebruiken ze vele termen: Schepping, schepsel, Kli, ontvangers, Fase Een, Hochma, en Malchut, zijn slechts enkele ervan.

Deze termen verwijzen naar subtiliteiten in de twee eigenschappen, geven en ontvangen. Als we dat in gedachten houden, zullen alle namen ons niet in verwarring brengen.

Om een gever te worden net als de Schepper doet de *Kli* twee dingen. Ten eerste stopt zij totaal met ontvangen door een daad die *Tzimtzum* heet (beperking). Dit houdt het Licht volledig tegen, en laat niets ervan toe tot de *Kli*. Vergelijk het hiermee: het is gemakkelijk om iets wat lekker is maar ongezond helemaal niet te eten, dan om er een heel klein beetje van te nemen, en de rest op je bord te laten liggen. Daarom is een *Tzimtzum* de eerste en gemakkelijkste stap om net zo te worden als de Schepper. Het vermogen tot een *Tzimtzum* wordt genoemd: "het verwerven van een *Masach* (scherm)". Afbeelding 3 laat zien hoe het Licht van de Schepper de *Kli* nadert maar afgewend wordt door de *Masach*.

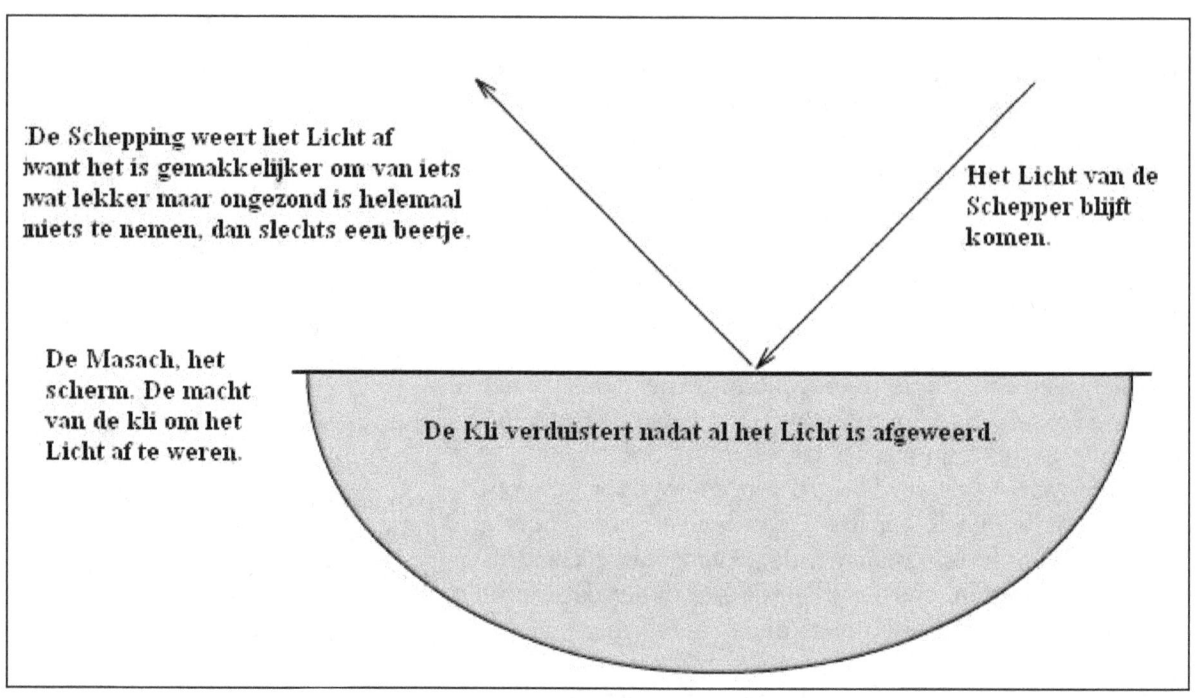

De Schepping weert het Licht af want het is gemakkelijker om van iets wat lekker maar ongezond is helemaal niets te nemen, dan slechts een beetje.

Het Licht van de Schepper blijft komen.

De Masach, het scherm. De macht van de kli om het Licht af te weren.

De Kli verduistert nadat al het Licht is afgeweerd.

Afbeelding 3: De *Masach* laat het Licht van de Schepper (naar beneden gerichte pijl) niet binnenkomen omdat de Schepping geen ontvanger wil zijn maar een gever, net als de Schepper. Als Licht toelaten betekent dat zij minder lijkt op de Schepper, dan blijft de Schepping in die staat liever donker.

Het volgende dat *Malchut* doet, is zorgen voor een mechanisme dat het Licht (genot) onderzoekt om te beslissen of ze het zal toelaten, en zo ja, hoeveel ervan. Dit mechanisme is een verdere ontwikkeling van de *Masach* (het scherm).

De voorwaarde waaronder de *Masach* besluit om te ontvangen wordt genoemd: "het doel om te geven". Eenvoudig gezegd, de *Kli* wil maar zoveel toelaten als zij kan ontvangen met het doel om de Schepper te behagen, of zoals Kabbalisten het zeggen: "om te geven". (Afbeelding 4). Het Licht dat de *Kli* ontvangt, wordt "Innerlijk Licht" genoemd, en het Licht dat buiten blijft, wordt het "Omgevende Licht" genoemd.

Aan het einde van het correctieproces, zal de *Kli* al het Licht van de Schepper ontvangen en zich met Hem verenigen. Dat is het doel van de Schepping. Als we die staat bereiken, dan zullen we dat als individu ervaren maar ook als één enkele verenigde maatschappij. Want de volledige *Kli* is niet samengesteld uit de verlangens van een enkele persoon, maar uit de verlangens van de hele mensheid. Als we deze laatste correctie voltooien, worden we gelijk aan de Schepper, dan is Fase Vier vervuld en zal de Schepping ook vanuit ons standpunt gezien voltooid zijn, zoals zij vanuit Zijn standpunt gezien al voltooid is.

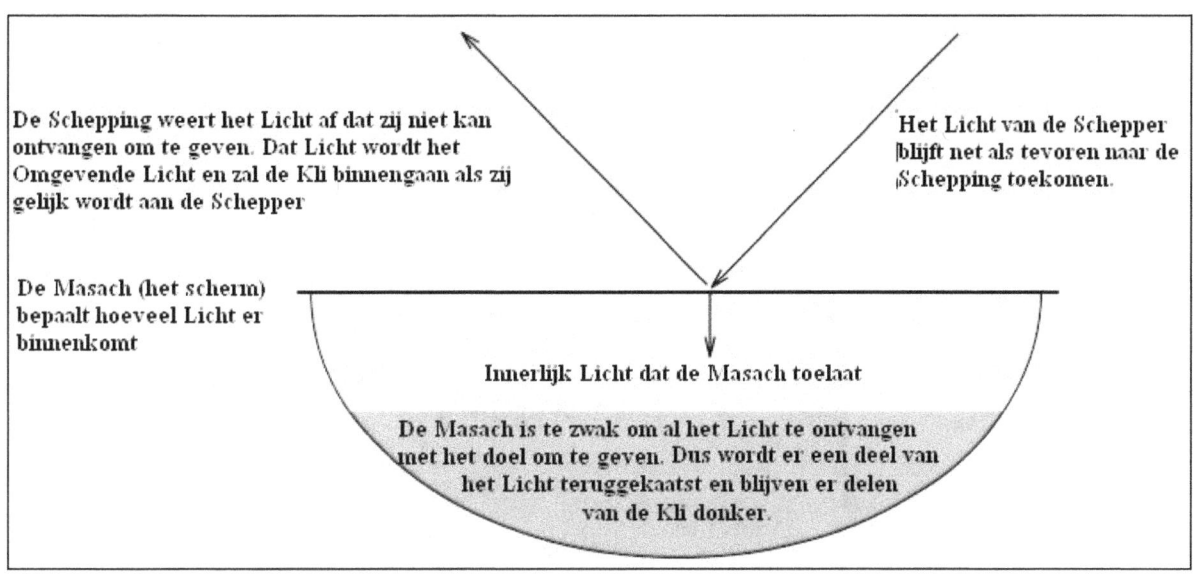

De Schepping weert het Licht af dat zij niet kan ontvangen om te geven. Dat Licht wordt het Omgevende Licht en zal de Kli binnengaan als zij gelijk wordt aan de Schepper

Het Licht van de Schepper blijft net als tevoren naar de Schepping toekomen.

De Masach (het scherm) bepaalt hoeveel Licht er binnenkomt

Innerlijk Licht dat de Masach toelaat

De Masach is te zwak om al het Licht te ontvangen met het doel om te geven. Dus wordt er een deel van het Licht teruggekaatst en blijven er delen van de Kli donker.

Afbeelding 4: De *Masach* scheidt het Innerlijk Licht dat de Schepping kan ontvangen met het doel om te geven van het Omgevende Licht dat zij niet met dit doel kan ontvangen.

De Weg

Om haar taak te volbrengen, om zich te ontwikkelen tot gelijkenis met de Schepper, moet de Schepping allereerst zorgen voor de juiste omgeving. Deze omgeving wordt "de werelden" genoemd.

In Fase Vier was de Schepping verdeeld in twee delen: het hoogste en laagste deel (afbeelding 5). Het hoogste deel wordt gevormd door de Hoogste (Spirituele) Werelden, en het laagste deel door de Schepping, welke bestaat uit de verlangens waarin de *Masach* geen Licht toeliet.

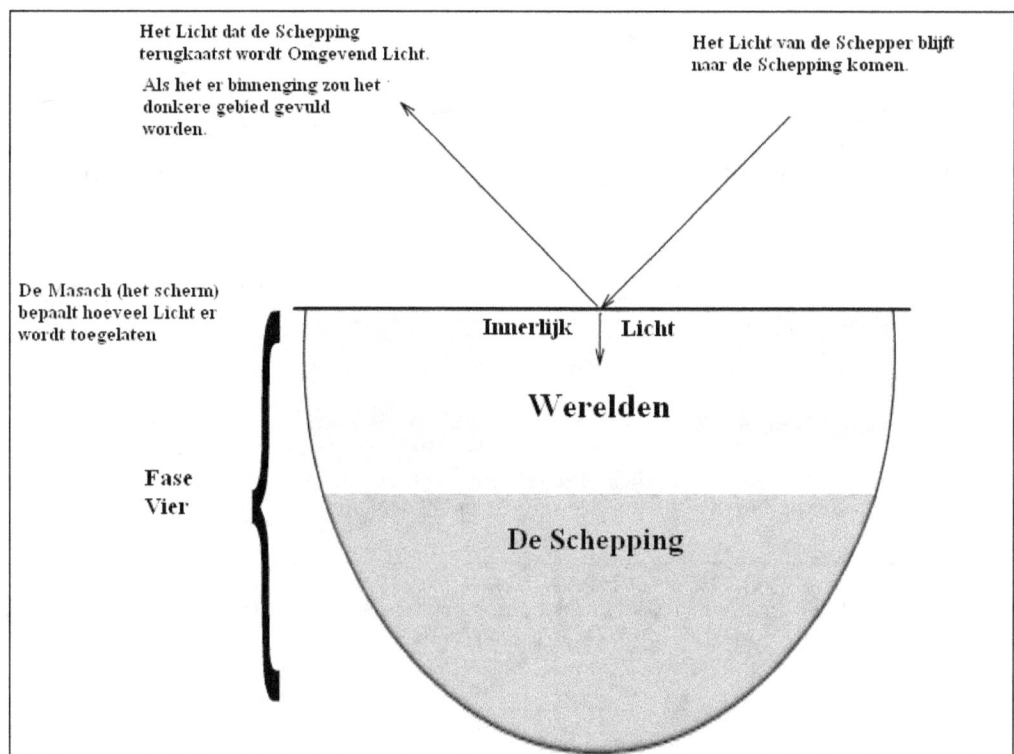

Het Licht dat de Schepping terugkaatst wordt Omgevend Licht.

Als het er binnenging zou het donkere gebied gevuld worden.

Het Licht van de Schepper blijft naar de Schepping komen.

De Masach (het scherm) bepaalt hoeveel Licht er wordt toegelaten

Innerlijk | Licht

Werelden

De Schepping

Fase Vier

Afbeelding 5: In Fase Vier, is de Schepping (*Malchut*) verdeeld in twee delen: het witte gebied duidt verlangens aan die kunnen werken met het doel om te geven en die daarom Licht kunnen ontvangen. Zij vormen de Hoogste Werelden. Het donkere gebied geeft verlangens aan die niet kunnen werken met het doel om te geven, en die daarom geen Licht kunnen ontvangen. Deze vormen de Schepping.

Het Gebruik Van Het Scherm

Laten we nog eens verder kijken naar Fase Vier en de werking van de *Masach* daarin. Tenslotte is Fase Vier onze wortel, dus als we begrijpen hoe deze Fase werkt, leren we misschien iets over onszelf.

Fase Vier, *Malchut*, ontwikkelde zich uit Fase Drie, die zich ontwikkelde uit Fase Twee enzovoort. Evenzo werd Willem van Oranje niet geboren als Vader des Vaderlands. Hij groeide op van baby tot jongen en uiteindelijk tot een volwassene die Willem de Zwijger werd genoemd.

De eerdere fasen van Willem verdwenen echter niet toen hij volwassen werd. Zonder die eerdere fasen zou hij nooit tot een groot staatsman zijn geworden. Eerdere fasen zijn niet te zien omdat ze overschaduwd worden door verder ontwikkelde fasen, maar toch blijven ze in ons aanwezig. Daarom voelen we ons soms als kinderen, vooral als we

Hoger en Lager

We weten al dat de Schepping is gemaakt van slechts één ding: de wil om plezier en genot te ontvangen. Hoog en laag verwijzen niet naar plaatsen maar naar verlangens die we ervaren als hoger of lager. Met andere woorden, hogere verlangens waarderen we meer dan verlangens die we als lager beschouwen. In het geval van Fase Vier behoort elk verlangen dat gebruikt kan worden om te geven tot het hoogste deel en elk verlangen dat niet op die manier gebruikt kan worden behoort tot het laagste deel.

geraakt worden op gebieden waar onze ontwikkeling achter is gebleven. Deze gebieden zijn niet bedekt door een volwassen laag, en die zachte plekken maken dat we ons zo kwetsbaar voelen als een kind.

Toch is het die meerlagige structuur die het ons later mogelijk maakt ouders te zijn. Bij het opvoeden van kinderen gebruiken we een combinatie van onze vroegere en huidige fasen. We begrijpen de situaties die onze kinderen ervaren omdat wij soortgelijke dingen hebben meegemaakt maar om ermee om te gaan gebruiken we nu de kennis en ervaring die we in ons leven hebben opgedaan.

Wij zijn zo gebouwd doordat *Malchut* (de Schepping, Fase Vier) precies zo is gebouwd. Alle eerdere fasen van *Malchut* bestaan binnen haar en zijn deel van haar structuur.

Om zoveel mogelijk te gaan lijken op de Schepper, analyseert *Malchut* elke graad van verlangen in zichzelf en scheidt zij op elk niveau de werkbare van de niet werkbare verlangens. De werkbare verlangens zullen gebruikt worden om te ontvangen omwille van het geven aan de Schepper en ook om de Schepper te "helpen" bij Zijn taak om *Malchut* aan Zich gelijk te maken.

Om zich te kunnen ontwikkelen tot gelijkenis met de Schepper, moet de Schepping de juiste omgeving scheppen. Precies daartoe dienen de werelden, de werkbare verlangens. Zij "tonen" de onwerkbare verlangens hoe ze moeten ontvangen om aan de Schepper te geven en op die manier helpen zij de onwerkbare verlangens om zichzelf te corrigeren.

We kunnen ons de relatie tussen de werelden en de Schepping voorstellen als de relatie tussen een groep timmerlieden met een van hen die niet weet wat hij moet doen. De werelden onderwijzen de Schepping door te laten zien hoe zij hun taak vervullen: hoe je moet boren, schroeven enzovoort.

> Uit alles wat we tot nu toe geleerd hebben, is nog niet duidelijk geworden welke van de vijf werelden onze stoffelijke wereld is. Om precies te zijn: geen ervan is de onze. Denk eraan dat er geen "plaatsen" bestaan in spiritualiteit, alleen staten, innerlijke toestanden. Hoe hoger de wereld, hoe altruïstischer de staten zijn die zij aanduidt. Onze wereld wordt nergens genoemd omdat de spirituele werelden altruïstisch zijn en onze wereld is, net als wijzelf egoïstisch. Omdat egoïsme tegengesteld is aan altruïsme, staat onze wereld los van het systeem van de spirituele werelden. Daarom noemen Kabbalisten deze wereld niet in de structuur die zij in hun boeken beschrijven.

De spirituele werelden tonen de Schepping wat de Schepper hen heeft gegeven en hoe zij daar op de juiste wijze mee werken. Zo leert de Schepping langzaam maar zeker om haar verlangens ook zo te gebruiken.

Werkbare En Onwerkbare Verlangens

Eerder in dit hoofdstuk zeiden wij dat de vier-fasen-structuur de basis vormt van alles wat er bestaat. Toen de verlangens die het Licht konden ontvangen, werden gescheiden van die verlangens die dat niet konden, volgden zij daarom hetzelfde patroon van vier fasen. De verlangens die wel Licht kunnen ontvangen, heten "werkbare verlangens", en de verlangens die dat niet kunnen, heten "onwerkbare verlangens".

De werkbare verlangens vormden de Hoogste Werelden en de onwerkbare verlangens vormden de Schepping, en later onze wereld. (afbeelding 6). De werkbare verlangens in de Wortelfase schiepen de wereld *Adam Kadmon*; de onwerkbare die donker bleven (zonder Licht) worden "levenloos"genoemd, en vormen het Levenloze (onveranderlijke) niveau van de Schepping.

De werkbare verlangens in Fase Een schiepen de wereld *Atzilut*; de onwerkbare bleven donker en vormen het "Vegetatieve" niveau van de Schepping. De werkbare verlangens in Fase Twee schiepen de wereld *Beria*; de onwerkbare vormen het "Animale" niveau van de Schepping. Evenzo schiepen de werkbare verlangens in Fase Drie de wereld *Yetzira*, en vormen de onwerkbare het "Sprekende" niveau van de Schepping. En tenslotte vormden de werkbare verlangens in Fase Vier de wereld *Assiya* en blijven de onwerkbare donker en vormen het "Spirituele" niveau van de Schepping.

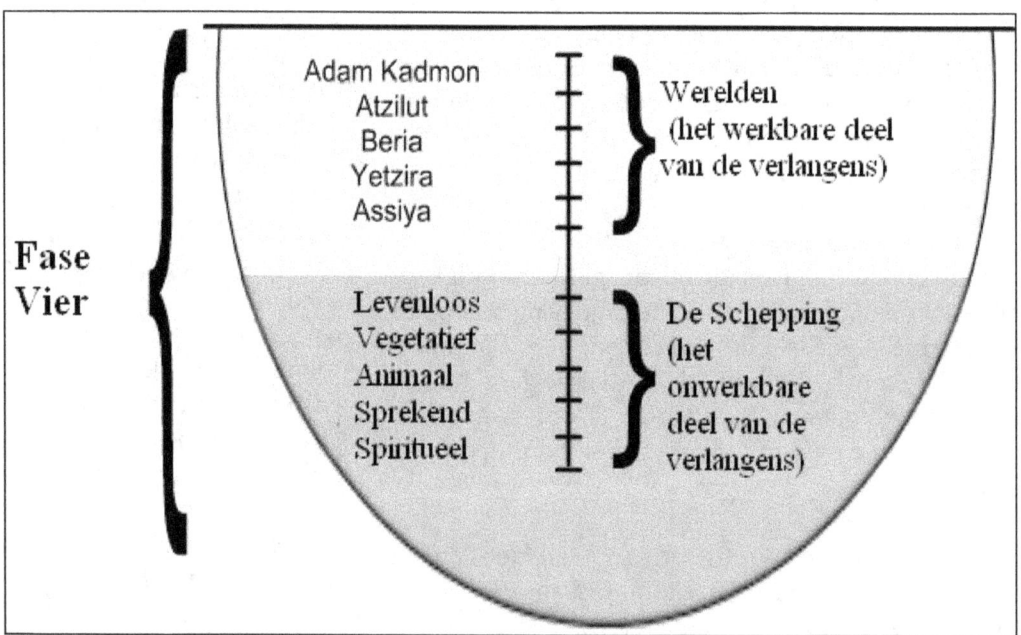

Afbeelding 6: In Fase Vier worden de verlangens verdeeld in werkbare en onwerkbare verlangens. De werkbare verlangens schiepen de Hoogste Werelden, en de onwerkbare verlangens schiepen de Schepping. Het is de taak van de Hoogste Werelden om de Schepping te "leren" hoe zij moet ontvangen met het doel om te geven.

Let op dat de sterkste verlangens, die het meest egoïstisch en schijnbaar het verst verwijderd zijn van de Schepper, "Spiritueel" worden genoemd. Net als in de vier fasen, wil het sterkste, hevigste verlangen net zo worden als de Schepper. Daarom kan alleen het laatste niveau, dat het donkerste lijkt en het meest egoïstische, het verlangen ontwikkelen om als de Schepper te worden en om spiritualiteit te bereiken.

Het blijkt dat de Schepping het enige deel is waaraan nog "gewerkt" moet worden, opdat het Licht kan ontvangen. Laten we leren hoe de Schepping zich ontwikkelde tot onze wereld, en hoe we haar kunnen corrigeren.

De Gemeenschappelijke Ziel

Het is belangrijk om in gedachten te houden dat de Hoogste Werelden niet werkelijk bestaan totdat wij ze ontdekken wanneer wij onze spirituele waarneming ontwikkelen en zoals de Schepper worden. Kabbalisten spreken over de werelden in de verleden tijd omdat zij hun boeken voor ons schreven nadat zij van onze wereld naar de spirituele wereld opgeklommen waren. Vervolgens vertelden ze ons wat ze ontdekt hadden. Om de Hoogste Werelden te onthullen, moeten ook wij daarheen opklimmen en deze Werelden zelf ervaren. Er is maar één manier om dat te doen en dat is door gelijk aan de Schepper te worden, dus altruïstisch.

De echte wortel van alles wat hier in onze wereld gebeurt, heet "de gemeenschappelijke ziel". Kabbalisten noemen deze *Adam ha Rishon* (De Eerste Mens). *Adam ha Rishon* is een structuur opgebouwd uit verlangens die tevoorschijn traden nadat de vorming van de spirituele werelden was voltooid.

Toen de vijf werelden *Adam Kadmon, Atzilut, Beria, Yetzira en Assiya* klaar waren met de ontwikkeling van het hoogste deel van Fase Vier, was de tijd aangebroken om het laagste deel te ontwikkelen. *Adam ha Rishon*, die we kennen als "Adam" is gemaakt uit onwerkbare verlangens die toen ze gemaakt werden nog geen Licht konden ontvangen met de bedoeling om aan de Schepper te geven. Als je nog eens kijkt naar Afbeelding 6, zie je dat Adam de volgende stap is in de ontwikkeling van de Schepping en dat hij bestaat uit de delen in het grijze gebied van de tekening. De onwerkbare verlangens in dat gedeelte, die het levenloze, vegetatieve, animale, sprekende en spirituele vormden, moeten nu een voor een aan de oppervlakte komen en gecorrigeerd, of werkbaar worden.

Daarvoor hebben deze verlangens de hulp van de werelden nodig, van de werkbare verlangens. Daarom ontwikkelt *Adam ha Rishon* zich via dezelfde stadia als de werelden en de vier grondfasen.

De Grote Val

Maar bij Adam liggen de zaken niet zo eenvoudig als in de Hoogste Werelden. Zijn verlangens zijn egoïstisch, zelfzuchtig, ook al is hij zich daarvan niet bewust. Dat was ook de oorspronkelijke reden waarom hij geen Licht kon ontvangen. Toen hij het voorbeeld van de Hoogste Wereld volgde en Licht probeerde te ontvangen, was het genot van het Licht zo overweldigend dat hij het voor zichzelf wilde ontvangen.

Denk even terug aan Fase Vier: toen zij zich realiseerde dat ze net als de Schepper wilde worden, was het eerste wat ze deed, afzien van het ontvangen van Licht voor haar eigen genot, in een daad die "de *Tzimtzum* "(beperking) heet. De poging van Adam nu om het Licht te ontvangen ondanks de *Tzimtzum* was een poging om die beslissing te herroepen. Het gevolg was dat de *Tzimtzum* opnieuw met volle kracht werd afgedwongen, en dat de *Masach* (het scherm) al het Licht dat Adam ontvangen had onmiddellijk terugkaatste.

Het terugkaatsen van het Licht is in het geval van Adam heel anders dan in het geval van de oorspronkelijke *Tzimtzum*. Toen de *Tzimtzum* voor het eerst plaatsvond, was het een stap vooruit, weg uit een staat van ontvangen zonder acht te slaan op de gever, de Schepper. In het geval van

Adam echter, was het genot er de oorzaak van dat hij de Schepper "uitwiste" uit zijn bewustzijn opdat hij het Licht voor zichzelf kon ontvangen zonder te hoeven denken aan de vreugde van de Schepper. Hierdoor leek Adam juist *minder* op de Schepper, op de kracht van liefde en van geven, dan vóórdat hij het Licht ontving. Daarom wordt de poging van Adam om Licht voor zichzelf te ontvangen beschouwd als een zonde: het drijft hem *weg* van het doel van de schepping.

De Kabbalistische term voor "zonde" is "breuk". *Adam HaRishon* brak dus. De Kabbalisten leggen uit dat de ziel van Adam in 600.000 stukken brak. Elk deel was het resultaat van Adams egoïstische poging, en daarom was elk deel ook egoïstisch. Een egoïstisch element is los van de Schepper omdat het tegenovergesteld aan Hem is. Zo werd onze wereld geschapen, een wereld waar het egoïstische verlangen heerst en waar de Schepper aan het oog is onttrokken door ons eigen egoïsme.

Adam werd niet als egoïst geboren; hij ontdekte zijn egoïsme pas toen hij zijn verlangens probeerde te gebruiken om het Licht te ontvangen. Het was zijn bedoeling om te ontvangen om te geven, zoals de werelden hem hadden voorgedaan. Maar door zijn mislukking leerde hij dat hij anders was dan zij, dat hij in wezen egoïstisch was en dat hij gecorrigeerd moest worden, voordat hij zou kunnen ontvangen zoals de werelden dat deden.

Dat de ziel van Adam in veel stukken uiteenviel, was eigenlijk een goede zaak. Door te breken versplinterde het grote egoïstische verlangen in veel kleine deeltjes, in veel kleinere verlangens die gemakkelijker te corrigeren zijn. Al die verlangens zitten in ons. Als iedereen op de wereld zijn eigen deel van de ziel van Adam corrigeert, dan zal de hele mensheid gecorrigeerd worden. Dan is er één ziel, die ontvangt om te geven, die met de Schepper is verenigd en geniet van al het Licht dat Hij ons bedoelde te geven in de Idee van de Schepping.

HOOFDSTUK 21 – ADAM HERSTELLEN OM VOLMAAKTHEID TE BEREIKEN

Aan het begin van Hoofdstuk 19 schreven we dat de Idee van de Schepping er al was voordat er iets geschapen werd. Deze Idee schiep Fase Een tot en met Vier van de wil om te ontvangen, die de werelden *Adam Kadmon* tot en met *Assiya* schiep, waarna de ziel van *Adam HaRishon* werd geschapen, die uiteenviel tot de ontelbare zielen die er nu zijn.

Het is erg belangrijk om deze volgorde van de schepping in gedachten te houden want zij herinnert ons eraan dat de dingen zich van boven naar beneden ontwikkelen, van spiritueel naar stoffelijk, en niet andersom. In praktische termen betekent dit dat onze wereld geschapen werd en bestuurd wordt door de spirituele werelden.

Bovendien is er geen enkele gebeurtenis in onze wereld die niet eerst Boven plaatsvindt. Het enige verschil tussen onze wereld en de spirituele wereld is dat gebeurtenissen in de spirituele wereld altruïstische bedoelingen weergeven en dat de gebeurtenissen in onze wereld egoïstische bedoelingen weergeven.

Door deze getrapte structuur van de werelden, wordt onze wereld de "wereld van gevolgen" genoemd, gevolgen van spirituele processen en gebeurtenissen. Wat we hier ook doen, het heeft geen enkele invloed op de spirituele werelden. Als we dus iets in onze wereld willen veranderen, moeten we eerst opklimmen naar de spirituele wereld, de "controlekamer" van onze wereld, om van daaruit onze wereld te beïnvloeden.

Net zoals in de spirituele wereld, ontwikkelt alles in onze wereld zich volgens dezelfde vijf stadia, van Nul tot Vier. Afbeelding 7 gaat over dat deel van de verlangens van *Malchut* die niet konden ontvangen met de bedoeling om te geven, en die daarom donker bleven. De kleinste verlangens scheppen het levenloze niveau van de Schepping, en hoe sterker de verlangens worden, hoe hoger het niveau van hun activiteit: van het vegetatieve niveau, naar het animale, het sprekende en tenslotte naar het menselijke niveau.

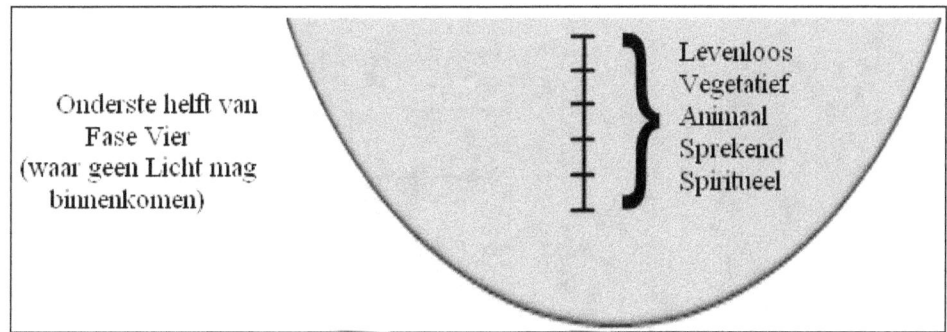

Afbeelding 7: De onderste helft van de Schepping. Let op dat het levenloze niveau het meest altruïstisch is, en het spirituele het minst. Zodra het correctieproces begint, draait dit om.

We moeten in gedachten houden dat de verlangens in Afbeelding7 niet actief zijn. Zij ontvangen *geen* Licht, dus doen ze geen kwaad. Zij worden pas actief als Adam ze probeert te gebruiken om Licht te ontvangen. Dan blijkt hun egoïstische aard, en dat is het moment dat ze breken. Zolang ze dus niet actief zijn, worden ze nog als spirituele verlangens beschouwd, omdat geen actief egoïsme hen scheidt van de eigenschap van de Schepper, de eigenschap van het geven. Ze raken pas los van Hem wanneer zij geactiveerd worden.

De levenloze, vegetatieve, animale, sprekende en spirituele niveaus in onze wereld zijn eigenlijk manifestaties van verlangens die in de Hoogste Wereld ontstaan. Zij worden pas fysiek wanneer ze op de verkeerde manier, namelijk egoïstisch, worden geactiveerd. Als wij ze op de juiste manier zouden activeren, dus om de Schepper te behagen, dan konden we ze gebruiken om Licht te ontvangen. Dat is de correctie die we hier in deze wereld moeten voltrekken.

Denk nog eens aan wat we zeiden: dat het levenloze niveau gemaakt is van de kleinste verlangens, het vegetatieve van sterkere, enzovoort tot de sterkste verlangen op het spirituele niveau. Toen de verlangens braken en op een zelfzuchtige manier begonnen te werken, was die breuk het kleinste in de zwakkere verlangens en werden de sterkste verlangens het meest versplinterd. Daardoor is het levenloze (minerale) niveau van onze wereld het minst gebroken (het minst egoïstisch), zijn planten iets meer egoïstisch, dieren nog meer en mensen het meest egoïstisch van allemaal.

De Piramide

Door de verdeling van spirituele verlangens in sterkere en zwakkere, is onze wereld gevormd als een piramide (zie Afbeelding 8). De zwakste verlangens zijn het minst egoïstisch en vormen het grondniveau van de Schepping, het levenloze, minerale niveau. Daarboven en erop rustend bevindt zich het vegetatieve niveau. In zekere zin "exploiteert" dit het levenloze niveau, want het wordt gevoed door mineralen en water, beide behorend tot het levenloze niveau van onze wereld.

De Piramide

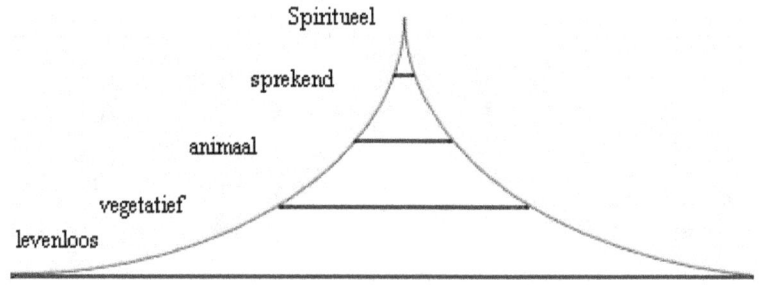

Afbeelding 8: De piramide van onze wereld is ook een piramide van verlangens.

Het volgende niveau is het animale, dat zich voornamelijk voedt met planten, en deze dus "exploiteert" voor zijn levensonderhoud. Het hoogste is het sprekende (menselijke) niveau, dat zich voedt met planten, dieren en enkele mineralen.

Het spirituele niveau is in haar stoffelijke manifestatie geen apart niveau. Het is meer een apart ontwikkelingsstadium, een staat waarin iemands *ziel* hunkert naar terugkeer naar zijn wortel in de Hoogste Werelden waar hij rechtstreeks contact had met de Schepper. Hierin ligt het unieke karakter van het spirituele niveau: terwijl dat het sterkste, meest egoïstische verlangen is, is het ook het enige niveau dat zich echt wil verbinden met de Schepper, met de altruïstische levenskracht. Daarom voelen we ons juist door het spirituele niveau in onszelf zo laag en is het tegelijk de sleutel tot de transformatie van ons egoïsme naar altruïsme.

Het Ontstaan Van Het Leven

In zijn "Inleiding tot de Wijsheid van Kabbalah", een van zijn inleidingen tot het *Sulam* commentaar op *Het Boek Zohar*, legt Baal HaSulam het verschil uit tussen spiritualiteit en stoffelijkheid. Hij zegt dat alles wat bedoelt te geven, zoals de Schepper, spiritueel is, en alles wat bedoelt te ontvangen, en daarmee tegengesteld is aan de Schepper, stoffelijk is. Voordat Adam in stukken brak, was er niet zoiets als een actieve wil om te ontvangen. Het breken vormde dus de eerste verschijning van de fysieke werkelijkheid.

Zoals we al zeiden zet het vierfasenpatroon zich door de hele Schepping voort. Onze wereld vormt daarop geen uitzondering. De eerste substantie die verscheen was dus de levenloze of minerale substantie, op het niveau van de kleinste verlangens.

Na het minerale niveau, ontstond de plantengroei, daarna kwamen de dieren, de vertegenwoordigers van het animale niveau van verlangens, en tenslotte kwam de mens, de fysieke manifestatie van het sprekende niveau. Het laatste verlangen dat verscheen was het verlangen naar spiritualiteit, naar de Schepper. Zoals we zagen is dit verlangen het sterkste, en het enige dat in staat is om de Schepper (altruïsme) te bereiken.

Natuurlijk ging het niet zo snel als in deze beschrijving. Eerst verschenen de mineralen, triljarden tonnen mineralen die geleidelijk de sterrenstelsels, sterren en planeten vormden. Toen, ergens in die triljarden tonnen materie verscheen een klein deeltje dat "De Planeet Aarde" genoemd zou worden. En op die Aarde verscheen het vegetatieve niveau. Natuurlijk is de vegetatie op Aarde oneindig veel kleiner dan die van de minerale substantie op aarde, en nog veel en veel kleiner dan die in het hele heelal. Het dierlijke leven heeft vergeleken met de vegetatie nog een kleinere massa. En natuurlijk is de massa van het sprekende niveau het allerkleinste.

Het spirituele niveau is pas heel "recent" verschenen. In geologische termen betekent "recent" maar een paar duizend jaar geleden.

Aan de ene kant is het verlangen dus jonger naarmate het hoger is. Aan de andere kant betekent het feit dat er boven het menselijk niveau nog een spiritueel niveau bestaat, dat onze evolutie nog niet voltooid is. De evolutie is nog even dynamisch als altijd, maar omdat wij het tot nu toe laatst verschenen niveau zijn, denken we natuurlijk dat wij het hoogste niveau zijn. We mogen dan wel het hoogste niveau zijn, maar we zijn niet het eindniveau. We zijn alleen maar het laatste van de al verschenen niveaus.

Het eindniveau zal ons lichaam gebruiken als gastheer, maar zal een totaal nieuwe wijze van denken, voelen en bestaan hebben. Op dat niveau zullen we de werkelijkheid heel anders waarnemen dan we nu doen. Dat niveau is zich al in ons innerlijk aan het ontwikkelen en het wordt "het spirituele niveau" genoemd.

Er zal geen fysieke verandering nodig zijn, noch een nieuwe soort, maar slechts een transformatie van onze waarneming van de wereld. Daarom is die volgende fase van de evolutie zo moeilijk te zien: zij zit in ons. Deze fase ontwikkelt zich of wij ons er nu van bewust zijn of niet.

De volledige omvang van de Schepping is niet te bevatten. Als we kijken naar de piramide van de Schepping (Afbeelding 8) en naar de verhoudingen tussen de opeenvolgende niveaus, beginnen we te begrijpen hoe recent het verlangen naar spiritualiteit eigenlijk is. Als we de tijd dat het heelal heeft bestaan (ongeveer vijftien miljard jaar) samendrukken tot een enkele dag van 24 uur, dan verscheen het verlangen naar spiritualiteit 0,0288 seconde geleden. In geologische termen is dat nu.

Maar als we ons bewust ervan zijn en er actief aan deelnemen, dan kunnen we het verschijnen van die fase versnellen, en het verschijnen ervan maken tot een fascinerende en plezierige ervaring. De wijsheid van Kabbalah leert ons bewust te worden van het spirituele niveau in onszelf, en actief deel te nemen aan de ontwikkeling daarvan, zodat deze plaatsvindt op een manier die voor ons zo effectief en heilzaam mogelijk is.

Zo Boven Zo Beneden

Als we een parallel trekken tussen de ontwikkelingsfasen van de aarde en de vier grondfasen van het Licht, dan correspondeert het minerale tijdperk met de Wortelfase, het vegetatieve tijdperk met Fase Een, het animale tijdperk met Fase Twee, het sprekende tijdperk met Fase Drie en het spirituele tijdperk met Fase Vier.

De gloeiend hete fase van de jeugd van Planeet Aarde duurde enkele biljarden jaren. Nadat zij voldoende was afgekoeld ontstond er vegetatief leven en dit beheerste de planeet nog vele miljoenen jaren. Maar zoals de massa van de vegetatie veel kleiner was dan die van het minerale niveau, zo was ook de tijd dat het plantaardige rijk heerste veel korter dan de minerale periode.

Nadat de vegetatieve fase was afgerond, brak de animale periode aan. Net als bij de twee eerdere graden, was het animale tijdperk veel korter dan het vegetatieve, overeenkomstig de verhouding van hun respectievelijke massa's.

De menselijke fase, die correspondeert met het sprekende niveau van de piramide, bestaat nog maar ongeveer veertigduizend jaar. Als de mensheid de ontwikkeling van haar vierde en laatste fase

Wanneer Kabbalisten het hebben over het hart, dan bedoelen ze niet het orgaan in onze borst. Het hart is de som van onze verlangens om genot te ontvangen, en het verlangen naar spiritualiteit is het "punt in het hart". Dit punt is heel belangrijk, want zodra het verschijnt, werpt het een nieuw licht op alles wat we ervaren, en geeft het aan ons leven een hogere, spirituele betekenis. Dit punt in het hart is hetgeen ons uiteindelijk naar spiritualiteit leidt.

voltooit, zal de evolutie voltooid zijn en zal de mensheid zich herenigen met de Schepper.

De Vierde Fase begon ongeveer vijfduizend jaar geleden, toen de verlangens naar spiritualiteit voor het eerst opkwamen. Als je de piramide op afbeelding 8 bekijkt, zie je dat die een zeer brede basis heeft. Elk lager niveau bevat meer substantie en duurt veel langer dan het niveau erboven.

Toch is elk niveau totaal ondergeschikt aan en wordt het beheerst door het bovenliggende niveau. Daarom hangt de correctie van de hele wereld af van de correctie van het laatste en hoogste niveau: het spirituele.

Net als in de spirituele wereld is Adam de naam van degene die dit punt voor het eerst voelde. Hij was *Adam HaRishon* (De Eerste Mens). De naam Adam komt van de Hebreeuwse woorden *Adameh la Elyon* dat wil zeggen: "Ik zal gelijk zijn aan de Allerhoogste" (Jesaja 14:14) en duidt op Adam's verlangen om als de Schepper te zijn.

In deze tijd, aan het begin van de 21e eeuw, is de evolutie bezig met de afronding van de ontwikkeling van de Vierde Fase, het verlangen om als de Schepper te zijn. Daarom zijn er in deze tijd meer en meer mensen op zoek naar spirituele antwoorden op hun vragen.

De Ladder Op

Als Kabbalisten spreken over de ontwikkeling van spiritualiteit dan bedoelen ze het beklimmen van de spirituele ladder. Daarom noemde de Kabbalist Yehuda Ashlag zijn commentaar op *het Boek Zohar, Perush HaSulam* (Het Ladder Commentaar), en daarom werd hij Baal HaSulam genoemd: de Eigenaar van de Ladder. Maar "de ladder op" betekent in feite: "terug naar je wortels". Want de wortels van onze schepping, de Hoogste Wereld, zijn deel van onszelf. In zekere zin zijn we daar al geweest, zelfs al zijn we ons daar niet van bewust. Nu moeten we een manier vinden om daar zelfstandig en bewust naar terug te keren.

De wortel is ons einddoel, waar we allemaal uiteindelijk naar op weg zijn. Maar om daar snel en in vrede te komen, hebben we een diep verlangen nodig, een *Kli*. Het verlangen naar spiritualiteit karakteriseert het spirituele niveau van onze evolutie.

Alleen atleten die én getalenteerd, én zeer gemotiveerd winnen medailles en ook wij moeten zeer gemotiveerd zijn. Om te begrijpen waar atleten hun motivatie vandaan halen, moeten we niet alleen kijken naar de atleten zelf, maar ook naar hun omgeving. In veel landen zijn er speciale scholen voor atleten waar alles om de sport draait, en waar hun ambities gevoed worden.

Om spiritualiteit te bereiken moeten we een omgeving scheppen die ons aanmoedigt om spiritueler te zijn. Zulke een omgeving zorgt dat we spiritualiteit het belangrijkste in het leven vinden, en dat we denken dat het ons tot de gelukkigste en compleetste mensen op aarde zal maken. Onze vrienden zullen ons vertellen hoe prachtig het is om spiritueel te zijn, om verbonden te zijn met de Schepper, net zoals vrienden van atleten bijvoorbeeld praten over het winnen van een wedstrijd of over hoe het voelt om als eerste door de finish te gaan. In Kabbalah zouden we zeggen dat het doel (de medaille) voor de atleten "straalt door Omgevend Licht".

Om spiritualiteit te willen, hebben we Omgevend Licht nodig dat ervoor zorgt dat we spiritueel genot zoeken. Hoe meer van dat Licht we aantrekken, hoe sneller we vooruit zullen gaan. Naar spiritualiteit verlangen wordt "het verheffen van *Man*" genoemd, en we kunnen daarvoor dezelfde technieken gebruiken als atleten die hun verlangen naar een medaille versterken: het ons levendig voorstellen, erover praten, erover lezen, erover denken, en alles doen wat we maar kunnen om erop gericht te blijven. Maar het machtigste middel om welk verlangen dan ook te versterken is onze sociale omgeving.

We kunnen het ons op de volgende manier voorstellen: als iedereen om me heen hetzelfde wil, en erover praat, als er maar één ding "in" is, dan kun je er donder op zeggen dat ik het ook wil. Hoe meer ik het wil, hoe sterker ik probeer om het te krijgen, en hoe meer mijn Kli groeit, hoe meer Omgevend Licht ik aantrek.

De groeiende Kli geeft mij de moed om nieuwe manieren te vinden om te krijgen wat ik wil, en zo ga ik sneller op mijn doel af. Het verband is duidelijk: Hoe groter de Kli, hoe groter het Licht, hoe sneller de correctie en hoe eerder het Licht in de Kli ontvangen wordt.

De Vorming Van De *Kli* (Het Vat)

We moeten nog leren hoe het Omgevende Licht onze *Kli* vormt en waarom het eigenlijk "Licht" genoemd wordt. Maar om dat alles te begrijpen moeten we eerst kijken naar het concept *Reshimot*. Denk eens terug aan het feit dat de spirituele werelden en de ziel van *Adam HaRishon* zich in een bepaalde volgorde ontwikkelden. In de werelden was de volgorde: *Adam Kadmon, Atzilut, Beria, Yetzira*, en *Assiya*. In *Adam ha Rishon* werden de ontwikkelingsstadia vernoemd naar de soort verlangens die erin opkwamen: levenloos, vegetatief, animaal, sprekend en spiritueel.

Onze kindertijd vergeten we niet: in ons heden vertrouwen we op onze ervaringen uit het verleden. Evenmin gaat een voltooide stap in het evolutionair proces verloren: zij wordt opgeslagen in ons onbewuste "spirituele geheugen". Met andere woorden, de hele geschiedenis van onze spirituele ontwikkeling zit in ons, vanaf de tijd dat we nog één waren met de Idee van de Schepping, tot aan de dag van vandaag. De spirituele ladder opgaan betekent eenvoudig: je de staten herinneren die je al ervaren hebt.

Deze herinneringen dragen de passende naam *Reshimot* (verslagen), en elke *Reshimo* verwijst naar een specifieke spirituele staat. Onze spirituele evolutie speelde zich in een bepaalde volgorde af en in precies dezelfde volgorde komen de *Reshimot* bij ons op. Met andere woorden, onze toekomstige staten liggen al vast en we scheppen niets nieuws, we herinneren ons slechts gebeurtenissen die ons al zijn overkomen en herleven die. Het enige wat we kunnen bepalen, is hoe snel we die ladder kunnen opklimmen. Hoe harder we daaraan werken, hoe sneller de staten veranderen en hoe sneller we spiritueel vooruitgaan.

Elke *Reshimo* wordt voltooid als we deze volledig ervaren hebben en de *Reshimot* vormen als het ware een ketting: waar de ene eindigt, verschijnt de andere. De *Reshimot* die we op een gegeven moment ervaren (mijn realiteit), is eigenlijk een nakomeling van de *Reshimot* die vervolgens zal ontstaan (mijn naaste toekomst). Maar omdat we teruggaan op de ladder, zit de huidige *Reshimot* vast aan zijn eigenlijke schepper, de Reshimot die zijn "ouder" is en wekt die. We kunnen dus nooit verwachten om in onze huidige toestand te blijven, in rust, want als de ene toestand voorbij is, dan leidt dit noodzakelijkerwijs naar de volgende in de reeks, totdat wij onze correctie voltooid hebben. Dan zullen we rusten in een staat van eeuwige vreugde.

Onze pogingen om altruïstisch te worden (dus spiritueel), brengen ons dichter naar onze gecorrigeerde staat, want het grotere Licht dat wij aantrekken, wekt de *Reshimot* sneller. En doordat deze *Reshimot* de verslagen zijn van hogere spirituele ervaringen, scheppen ze ook gevoelens in ons die spiritueler zijn.

Als dat plaatsvindt, krijgen we een vaag vermoeden van hoe verbonden, verenigd, en liefdevol die staat is, alsof we in de verte een zwak licht zien. Hoe meer we dat Licht proberen te bereiken, hoe dichter we erbij komen en hoe helderder het straalt. Bovendien, hoe sterker het Licht is, hoe heftiger ons verlangen ernaar wordt. Zo bouwt het Licht onze *Kli* op, ons verlangen naar spiritualiteit.

We kunnen nu ook inzien dat de naam: "Omgevend Licht" precies de manier beschrijft waarop we het ervaren. Zolang wij het nog niet bereikt hebben, zien we het als uitwendig, het trekt ons aan met een verblindende belofte van geluk.

Elke keer dat het Licht een *Kli* vormt die zo groot is dat zij ons in staat stelt naar het volgende niveau te stijgen, verschijnt de volgende *Reshimo* en ontstaat er een nieuw verlangen in ons. We weten niet waarom onze verlangens veranderen, want ze zijn afkomstig van *Reshimot* van een hoger niveau dan ons huidige, zelfs als dat niet zo lijkt.

Net zoals ons huidige *Reshimo* ons tot onze huidige staat bracht, zo is een nieuw verlangen afkomstig van een nieuw *Reshimo*, en ook dit zal tot een nieuwe staat leiden. Nu is de nieuwe *Reshimo* nog "onze toekomst", net zoals ons huidige *Reshimo* ons heden is. Zo gaan we verder de ladder op. Het is een spiraal van *Reshimot* en van omhoog lopende treden, die eindigt bij het doel van de Schepping: de wortel van onze ziel, waar we één zijn met de Schepper en gelijk aan Hem.

Het Verlangen Naar Spiritualiteit

Wij zagen al dat het laagste deel van Fase Vier de substantie is van de ziel van *Adam HaRishon* (zie afbeelding 6). Zoals de werelden gevormd werden uit de groeiende verlangens, ontwikkelde de ziel van Adam (de mensheid) zich in vijf fasen: van Nul (levenloos) tot en met Vier (spiritueel).

De mensheid ervaart elke volgende fase totdat zij volledig genoten is. Dan verschijnt het volgende niveau van verlangens, volgens de reeks van *Reshimot* die in ons vastligt. Tot nu toe hebben we alle *Reshimot* van alle verlangens, van Levenloos tot het Sprekende, ervaren. Het enige deel van haar evolutie dat de mensheid nog moet ervaren, zijn de spirituele verlangens. Als dat deel voltooid is, zullen we eenheid met de Schepper bereiken.

Volgens de beschrijving van de Heilige Ari begon het verschijnen van verlangens van het vijfde, spirituele niveau al in de 16e eeuw. Maar in deze tijd zijn we getuige van het verschijnen van het meest heftige verlangen van het vijfde niveau: het spirituele binnen het spirituele. Bovendien zijn we getuige van het verschijnen daarvan in grote getale, waarbij miljoenen mensen over de hele wereld spirituele antwoorden op hun vragen zoeken.

Omdat de *Reshimot* die in deze tijd opkomen, van grotere verlangens naar spiritualiteit zijn dan ooit tevoren, gaan de voornaamste vragen die mensen nu stellen over hun oorsprong, over hun wortels! Ofschoon de meeste van deze zoekers een dak over hun hoofd hebben en voldoende inkomen om zichzelf en hun gezin te onderhouden, hebben ze er behoefte aan om te weten waar ze vandaan komen, door wiens plan, en met welk doel we bestaan. Als ze niet tevreden zijn met de antwoorden die godsdiensten hen bieden, zoeken ze in andere leringen en methodes.

Ieder zijn meug

Het enige verschil tussen mensen zit in de manier waarop zij genot willen beleven. Genot zelf is echter vormloos, ontastbaar. Als we het met verschillende dingen "aankleden" of "bekleden", dan schept dat de illusie dat er allerlei soorten genot zijn, terwijl het slechts één ding is in verschillende omhulsels.

Het feit dat genot in wezen spiritueel is, verklaart waarom wij onbewust ernaar hunkeren om de oppervlakkige omhulsels van het genot te vervangen door genot in haar zuiverste vorm: het Licht van de Schepper.

En omdat we niet beseffen dat ons eigenlijke verlangen verhuld is, beoordelen wij andere mensen naar de soort omhulsel, waar zij de voorkeur aan geven. Bepaalde vormen van genot zijn toegestaan, zoals de liefde voor kinderen, terwijl we andere vormen, zoals drugs, onacceptabel vinden. Als er een verlangen naar een onacceptabele aankleding van genot in ons opkomt, dan zijn we gedwongen om dat verlangen te verbergen. Maar daarmee verdwijnt het niet en in ieder geval wordt het zo niet gecorrigeerd.

Fase Vier: De Fase Van Bewuste Evolutie

Het voornaamste verschil tussen Fase Vier en alle andere fasen is dat we in deze fase *bewust* moeten evolueren. In voorgaande fases dreef de Natuur ons van de ene fase naar de volgende. Zij deed dit door voldoende druk op ons uit te oefenen, waardoor we ons onplezierig gingen voelen, en onze toestand wilden veranderen. Zo ontwikkelt de Natuur al haar delen: de menselijke, animale, vegetatieve en zelfs de levenloze.

Ons fundamentele verlangen is passief omdat we gemaakt zijn als ontvangers van genot, niet als gevers. Daarom gaan we pas van de ene naar de andere staat als de druk onverdraaglijk wordt. Anders blijven we liever bewegingloos. De logica is eenvoudig: als het hier goed is, waarom zou ik dan in beweging komen?

Maar de Natuur heeft andere plannen met ons. In plaats van ons toe te staan om genoeglijk in onze huidige staat te blijven, wil zij dat we evolueren tot haar eigen niveau, het niveau van de Schepper. Tenslotte is dat het doel van de Schepping.

We hebben dus twee opties: we kunnen ervoor kiezen om ons te ontwikkelen onder druk van de Natuur, wat onplezierig kan zijn, of we kunnen pijnloos evolueren door zelf een actieve rol te gaan spelen in de ontwikkeling van ons bewustzijn. Passief blijven en ook onontwikkeld is geen optie want dat past niet in het plan van de Natuur.

Daarom zal de Natuur druk op ons blijven uitoefenen. Voortdurend zullen we door stormen, aardbevingen, epidemieën, terreurdaden en allerlei natuurlijke of door mensen veroorzaakte rampen getroffen worden, net zolang tot we ons realiseren dat we wel *moeten* veranderen, dat we bewust moeten terugkeren naar onze Wortel.

Zoals we al zeiden, de fysieke wereld werd geschapen toen de ziel van *Adam ha Rishon* versplinterde. Toen begonnen alle verlangens een voor een te verschijnen, van licht naar zwaar, van levenloos naar spiritueel, en zo schiepen ze fase na fase onze wereld.

In deze tijd, aan het begin van de 21e eeuw, zijn alle graden al voltooid, behalve het verlangen naar spiritualiteit dat nu opkomt. Als we het corrigeren, zullen we ons verenigen met de Schepper want ons verlangen naar spiritualiteit is feitelijk het verlangen naar eenheid met Hem. Dat zal het toppunt van de evolutie van de wereld en van de mensheid vormen.

Door bewust ons verlangen naar terugkeer tot onze spirituele wortel te versterken, bouwen wij een spirituele *Kli*. Het Omgevende Licht corrigeert de *Kli*, van egoïstisch naar altruïstisch, en ontwikkelt haar. Elk nieuw niveau van ontwikkeling roept een nieuwe *Reshimo* op, een verslag van een vroegere staat, die we al ervaren hebben toen we nog meer gecorrigeerd waren. Tenslotte corrigeert het Omgevende Licht de hele *Kli*, en wordt de ziel van *Adam HaRishon* met al haar delen herenigd met de Schepper.

Deel Vier

Bijlagen

Kabbalah & Bnei Baruch

BIJLAGE 1 - EEN ZEER BEKNOPT OVERZICHT VAN DE GESCHIEDENIS VAN KABBALAH

Het Eerste Stadium

Kabbalah begon ongeveer 5000 jaar geleden in Mesopotamië (tegenwoordig Irak) waar mensen onder leiding van de patriarch Abraham ontdekten dat er maar één kracht in de wereld is en dat dit een gevende kracht is, een kracht van Liefde. Abraham vormde studiegroepen en verspreidde de wijsheid dat ons bestaan tot doel heeft om het uiteindelijke genot te bereiken van vereniging met en gelijkwording aan de Schepper.

Abraham kwam tot deze openbaring in een tijd dat mensen door de kracht van het groeiende egoïsme uit elkaar werden gedreven. Maar in Babylon was deze leer niet welkom en hij moest vluchten en zwierf van stad naar stad totdat hij arriveerde in het Land Israël. Het woord "Israël" is een combinatie van twee Hebreeuwse woorden: *Yasar* (rechtstreeks) en *El* (God). In Kabbalah wordt met het volk van *Israël*, of kortweg *Israël* bedoeld: degenen die een verlangen in hun hart hebben om te zijn zoals de Schepper, verenigd in altruïsme en liefde.

In de loop der tijden groeide het egoïsme, en de leer van Abraham moest daaraan worden aangepast. Dit was de taak van Mozes. Tegenover hem stonden "Egypte" en "de Farao", vertegenwoordigers van het grote egoïsme waarop een vernieuwing van de leer een antwoord moest vinden. De enige manier waarop het volk Israël aan dat egoïsme kon ontsnappen, was hun vereniging met elkaar en met de Schepper. Het boek "de Thora" (de Pentateuch) is hiervan het resultaat.

Het Tweede Stadium

Het tweede stadium in de spirituele evolutie van de mensheid begon ongeveer 2000 jaar geleden, toen het *Boek Zohar* werd geschreven, het belangrijkste boek van Kabbalah. Het werd geschreven kort na het begin van de laatste en langste periode van ballingschap van het volk van Israël.

De twee reuzen van dit stadium zijn Rabbi Shimon Bar-Yochai (Rashbi) en De Heilige Ari (Rabbi Isaac Luria). Rashbi's *Boek Zohar* is een commentaar op de Thora. Waar Mozes de woorden van Abraham voor een heel volk verklaarde, verklaart de *Zohar* de woorden van Mozes aan de hele wereld.

Dit tweede stadium in het proces van vereniging van de mensheid met de Schepper was heel anders dan het eerste. Het was een tijd van subtiele groei, een tijd waarin de wijsheid van Kabbalah verfijnd en verbeterd werd in zwak verlichte kamertjes en in kleine onopvallende groepen. Daarom werden de twee belangrijkste werken van die tijd: Rashbi's *Boek Zohar* en de Ari's *Boom des Levens* door hun eigen schrijvers verborgen zodra ze af waren. Ze kwamen pas jaren later tevoorschijn, de *Zohar* zelfs pas eeuwen later.

Het Derde Stadium

Het derde en laatste stadium van de spirituele evolutie begon in de jaren 1990. In 1945 voorspelde Rabbi Yehuda Ashlag, schrijver van het *Sulam* (Ladder) commentaar op *Het Boek Zohar* dat het laatste stadium in 1995 zou beginnen. Veel andere Kabbalisten voorspelden hetzelfde: nu is de tijd gekomen om ons te verenigen en het egoïsme te bestrijden dat op onze planeet en in onze maatschappij steeds meer ellende zal veroorzaken wanneer wij het doel van onze ontwikkeling, ons te verenigen in de kracht van liefde, om samen gelijk te worden aan de Schepper, niet actief en met al onze kracht nastreven.

BIJLAGE 2 – EEN TIJDLOZE LERAAR RABBI YEHUDA ASHLAG (BAAL HA SULAM) 1884-1954

Rabbi Yehuda Ashlag is beter bekend als Baal HaSulam (Eigenaar van de Ladder) vanwege zijn *Sulam* (Ladder) commentaar op *Het Boek Zohar*. Baal HaSulam heeft zijn leven gewijd aan het interpreteren van de wijsheid van Kabbalah, de vernieuwing ervan en het verspreiden ervan in Israël en over de hele wereld. Hij paste de Luriaanse Kabbalah van de Ari aan onze generatie aan, en daardoor maakte hij het voor iedereen mogelijk om de wortels van onze werkelijkheid te onderzoeken, en het uiteindelijke doel van ons leven te zien.

Baal HaSulam werd geboren op het moment dat de wereld klaar was voor de wijsheid van Kabbalah, en daarom hebben zijn geschriften een duidelijk "multinationaal" karakter. Hij voorspelde processen en gebeurtenissen, zoals de val van het Russische communisme en de globalisering lang voordat deze voor anderen duidelijk werden, en hij bracht deze in verband met de spirituele correctie van de mensheid.

Baal HaSulam werd geboren in Polen, in Warshau, en studeerde Kabbalah met Rabbi Yehoshua van Porsov. In 1921 immigreerde hij met zijn familie naar Israël (toen Palestina) en vestigde zich in de Oude Stad van Jeruzalem.

Het nieuws van zijn aankomst verspreidde zich door de stad en hij werd al spoedig bekend om zijn kennis van Kabbalah. Geleidelijk vormde zich een groep leerlingen rondom hem, die in de kleine uurtjes van de morgen naar zijn huis kwamen om Kabbalah te studeren. Vervolgens verhuisde Baal HaSulam van de Oude Stad naar een andere buurt in Jeruzalem, Givat Shaul, waar hij jarenlang als de lokale rabbijn functioneerde.

Zijn Voornaamste Werken

Zijn twee voornaamste werken, de vruchten van jarenlange arbeid zijn: *De Leer van de Tien Sefirot*, gebaseerd op de geschriften van de Ari, en *Het Boek Zohar met het Sulam (Ladder) Commentaar*. De publicatie van de zestien delen van de *Leer van de Tien Sefirot* begon in 1937. *Het Boek Zohar met het Sulam Commentaar* werd in 18 delen uitgegeven tussen 1945-1953. Vervolgens schreef Baal HaSulam nog drie delen waarin hij *De Nieuwe Zohar* interpreteerde. Dit deel werd in 1955, na zijn dood gepubliceerd.

In de inleiding tot zijn commentaar op *Het Boek Zohar* legde hij uit waarom hij dit 'De Ladder" noemde:

"Ik heb mijn interpretatie de Sulam, ladder, genoemd om aan te geven dat de rol van mijn commentaar als die van een ladder is; als je een zolder vol goede spullen hebt, heb je slechts een ladder nodig om erheen te klimmen en dan heb je alle weelde van de wereld in handen."

Baal HaSulam schreef een reeks inleidingen die de student voorbereiden op een effectieve studie van de Kabbalah teksten, en die de leermethode verklaren. Dit zijn onder andere: "Het Voorwoord op het Boek Zohar", "Inleiding tot Het Boek Zohar", "Voorwoord tot de Wijsheid van Kabbalah",

"Voorwoord tot het Sulam Commentaar", "Een Algemeen Voorwoord op De Boom des Levens" en "Inleiding tot De Leer van de Tien Sefirot".

In 1940 publiceerde Baal HaSulam een opstel dat hij *De Natie* noemde. In zijn laatste jaren schreef hij *De Geschriften van de Laatste Generatie*, waarin hij verschillende regeringsvormen analyseerde, en een gedetailleerd plan uiteenzette voor het vormen van de gecorrigeerde maatschappij van de toekomst.

Het Verspreiden Van Het Woord

Baal HaSulam stelde zich niet tevreden met het eenvoudig opschrijven van zijn ideeën. In plaats daarvan werkte hij hard om ze te verspreiden. Als onderdeel van zijn pogingen ontmoette hij prominente Israëlische figuren zoals David Ben Gurion, de eerste premier van Israël en vele anderen.

Ben Gurion schreef in zijn dagboeken dat hij verschillende ontmoetingen had met Baal HaSulam, en dat deze hem verbaasde omdat: "Ik met hem wilde spreken over Kabbalah, en hij met mij over socialisme".

Een uittreksel uit de krant *Haaretz*, van 16 December 2004: "Op zekere dag, in het Jeruzalem van de jaren 1950, ging Shlomo Sholam, die later een gelauwerde Israëlische schrijver en criminoloog zou worden, op zoek naar de Kabbalist Rabbi Yehuda Ashlag...Ashlag probeerde in die tijd *HaSulam* (letterlijk *De Ladder*) te drukken, zijn Hebreeuwse vertaling en commentaar op *Het Boek Zohar*...Telkens als hij een beetje geld bijeengebracht had, uit kleine donaties, drukte hij delen van zijn *HaSulam* af.

Toen ik hem vond, stond hij in een verwaarloosd gebouwtje, haast een schuur, waarin een oude drukpers stond. Hij kon geen zetter betalen en hij deed het zetten zelf, letter voor letter, urenlang over de drukpers gebogen, ondanks het feit dat hij achterin de zestig was. Ashlag was duidelijk een *Tzadik* (rechtvaardige): een nederige man, met een stralend gezicht. Maar hij was absoluut een marginale figuur, en erg verarmd. Ik hoorde later dat hij zoveel uren doorbracht met het zetwerk dat het lood dat in het drukproces gebruikt werd zijn gezondheid heeft aangetast."

Het duurde meer dan een halve eeuw voordat zijn grootheid werd erkend, maar tegenwoordig is zijn werk heel bekend. De laatste jaren heeft zijn leer veel aandacht gekregen, en honderdduizenden over de hele wereld bestuderen zijn werken, die in veel verschillende talen zijn vertaald. Iedereen die er echt naar verlangt om naar de spirituele wereld op te klimmen, is daartoe nu in staat gesteld.

Baal HaSulam was een fascinerende en complexe persoonlijkheid, ruimdenkend en goed opgeleid. Hij hield zich veel bezig met gebeurtenissen in de wereld en in Israël, waar hij woonde. Zijn denkbeelden worden zelfs nu nog als revolutionair, vérstrekkend en stoutmoedig beschouwd.

Baal HaSulam stierf in 1954, maar zijn ideeën werden verder verspreid door zijn oudste zoon, Rabbi Baruch Shalom Ashlag (De Rabash).

De unieke studiemethode die door Baal HaSulam en zijn zoon, de Rabash werd ontwikkeld, wordt onderwezen en dagelijks in de praktijk gebracht door Bnei Baruch, een groep Kabbalisten in Israël, die de wijsheid van Kabbalah met de hele wereld deelt.

BIJLAGE 3 – OVER BNEI BARUCH

Is er werkelijk iemand gek genoeg om elke morgen om drie uur op te staan om Kabbalah te studeren? Het blijkt dat er heel veel zulke mensen zijn, die zich op die onmogelijke tijd naar de studiezaal van hun leraar Michael Laitman haasten; of die elders in de wereld hun vrienden om 2 uur 's nachts uit bed bellen om ervoor te zorgen dat niemand de dagelijkse lessen op internet mist.

In het verleden was Michael Laitman wetenschappelijk onderzoeker, filosoof en werkte hij zelfs als technicus aan militaire vliegtuigen. Maar nergens vond zijn rusteloze ziel vrede.

Aan het eind van de jaren 70 hield een groep oude mannen in de buitenwijken van Bnei Brak zich bezig met de studie van Kabbalah. Op zekere avond kwam Michael Laitman dat huis binnen en vroeg of hij zich bij hen mocht voegen. De groep werd geleid door de beroemde Kabbalist, Rav Baruch Shalom Ashlag, de zoon van Rabbi Yehuda Ashlag (de auteur van *Het Sulam commentaar op De Zohar*). Weldra werd Michael Laitman de persoonlijke assistent van Rav Baruch en werd hij waardig geacht om betrokken te worden bij het dagelijkse leven en bij het spirituele werk van deze Kabbalist.

Na de dood van zijn Rav en leraar in 1991, nam Michael Laitman de taak op zich om Kabbalah te verspreiden. Sindsdien onderwijst hij Kabbalah op een redelijke, logische wijze, als een wetenschap en een filosofie. "Gewone" mensen die leven in deze tijden van crisis, moeten hun principes steeds maar weer bijstellen, terwijl de wereld steeds onzekerder wordt ondanks alle wetenschappelijke vooruitgang. In tegenstelling daarmee ontwikkelen studenten van de Kabbalistische wijsheid nieuwe, verborgen zintuigen. Een Kabbalist is in wezen iemand die het doel van zijn bestaan gevonden heeft, en daardoor heeft hij antwoorden op vragen die niemand anders heeft.

Michael Laitman levert enorme inspanningen om Kabbalah te verspreiden om zo de ontwikkeling van spiritualiteit in de mensheid te versnellen. Hij heeft de organisatie Bnei Baruch opgericht, wat betekent "de Kinderen van Baruch", naar zijn leraar. Deze non-profit organisatie is volledig gericht op het scheppen en in stand houden van een uitgebreid onderwijssysteem om de wijsheid van Kabbalah aan iedereen beschikbaar te stellen en te verhelderen. Onder andere via een televisiekanaal, websites die in meer dan 30 talen zijn vertaald, cursussen en bijeenkomsten, zowel live als via internet, een groot aantal boeken en zelfs videomateriaal dat hun eigen filmmaatschappij produceert.

Natuurlijk zijn er critici die beweren dat de studie van Kabbalah voorbehouden moet blijven aan Joodse mannen en samen moet gaan met een orthodoxe levenswijze, met de studie van de Thora, en met het streng navolgen van geboden. Maar Laitman laat zich hierdoor niet beïnvloeden en gaat door met zijn werk. In de voetsporen van de grootste Kabbalisten gelooft hij dat nu de tijd is gekomen om Kabbalah aan iedereen beschikbaar te stellen. Hij trekt meer en meer leerlingen aan uit de hele wereld, ook in Europa. Zijn dagelijkse live uitgezonden lessen in de vroege morgen worden door duizenden leerlingen over de hele wereld gevolgd en zijn boeken zijn in meer dan 30 talen vertaald.

Ook in Nederland houdt een groeiend aantal leerlingen van Michael Laitman zich actief bezig met de studie en de verspreiding van Kabbalah. Ook dit boek is het resultaat van hun gezamenlijke inspanningen.

Voor verdere informatie zie: http://www.kabbalah.info of http://www.kabbalah.info/nl.

www.ingramcontent.com/pod-product-compliance
Lightning Source LLC
Chambersburg PA
CBHW080313290526
45790CB00005B/2028